KB202507

바울의 마지막 여행

연세신학문고 002

바울의
마지막 여행

유상현 지음

동연

머 리 말

사도행전에 따르면 바울은 그의 이른바 '제1, 2, 3차 선교 여행'을 마치고 예루살렘에 상경한 후 성전에서 체포된다. 그리고 2년 이상의 기다림과 재판 과정을 거쳐 로마로 가는 마지막 여정에 오른다. 이것은 스스로의 선택과 결정으로 가는 자유인의 여행이 아니다. 죄수의 신분으로 타의에 의해 압송되어가는 길이다. 예루살렘에서 가이사랴로, 그곳에서 배를 타고 로마에 이르는 길이 바울 생애의 마지막 여행이 된다.

우리는 이 책에서 사도행전 중 거의 4분의 1에 달하는 분량이 할애된 바울의 로마 여정, 그 최후의 여로를 따라가려 한다. 그러면서 누가가 보고하는 바울의 마지막 여행 기록을 차근차근 읽고, 문장 하나하나를 짚고 좇으며 그의 여행을 되새기고자 한다. 사도행전 저자인 누가는 바울의 마지막 여행길을 서술하며 자신의 기록 속에 그 기간 중 벌어진 여러 만남들,

재판, 출두, 심문과 각종 사건들 그리고 많은 발언들을 담아내고 있다. 따라서 우리는 누가가 이 여행기록 속에 숨겨놓거나 자세히 이해되기를 바라는 심정으로 글줄 사이에 녹여 넣었던 메시지, 암시와 의미 들을 가능한 한 찾고자 한다. 이렇게 누가의 기록 속에 뛰어들어 그의 글을 읽고 해석하려는 노력 자체가 어쩌면 누가의 묘사 속에 살아 숨 쉬는 바울과 함께 호흡을 나누며 그 인격에 스며드는 경험을 갖게 할지도 모른다. 이런 식의 읽기를 통해 우리는 바울의 생애에 참여하고 그의 마지막 여정에 동참할 수 있을 것이며, 그 동반의 경험으로 인해 우리의 역사적 바울 이해의 폭과 깊이가 넓어지고 깊어지기를 희망한다. 그리하여 누가가 바울의 증언자로 차출되어 그의 삶을 보고했듯이, 우리 역시 바울의 마지막 여행 증언자로 소환 받아 세상의 법정에 서게 되는 '증언의 순환', 그 한 고리를 형성하게 될 것이다.

이 책은 지은이가 이미 출간한 저서들■ 가운데서 주제와

■ 유상현,『사도행전 연구』(서울: 대한기독교서회, 1996)의 제 III부; 유상현,『바울의 제1차 선교여행』(서울: 대한기독교서회, 2002); 유상현,『바울의 제2차 선교여행』(서울: 대한기독교서회, 2008); 유상현,『바울의 제3차 선교여행』(서울:

관련된 부분들을 정리하고 새로운 내용들을 덧붙이기도 하여 다시 서술한 것이다. 그러면서 기독교인들의 신앙적 교양을 높이기 위함이란 본 총서의 취지에 맞게 되도록 읽기 쉽고 평이한 글이 되도록 노력했다. 본서의 성격상 각주와 인용의 근거들을 상세히 밝히지 않았다. 일반인의 눈에 지나치게 자세하고 번거로운 논의들은 크게 유용하지도 않거니와, 쓸모없이 복잡한 인상을 주어 독서의 흥미를 떨어트리기 때문이다. 이 책에 소개되는 신약의 본문들은 모두 저자가 그리스어 신약성서 ■ 에서 사역(私譯)한 것들이다.

이 책의 출간뿐 아니라 '연세신학문고'의 발행을 가능하게 해주신 스승 유동식 교수님의 연세대학교를 위한 희생, 학문의 열정, 고매한 신앙 인품을 기억하며 어르신의 한결같은 건강을 기원한다.

2014년 6월 연세대 신학관 연구실에서

유상현

대한기독교서회, 2011).
■ Kurt Aland et al. eds., *Nestle-Aland Novum Testamentum Graece*, 28th edition (Stuttgart: Deutsche Bibelgesellschaft, 2012).

차 례

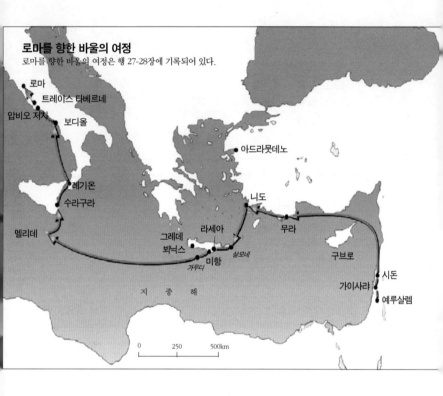

로마를 향한 바울의 여정

로마를 향한 바울의 여정은 행 27-28장에 기록되어 있다.

로마
트레이스 타베르네
압비오 저자
보디올
아드라뭇데노
레기온
수라구라
니도
멜리데
무라
그레데
라세아
뵈닉스
구브로
미항
살모네
가우디
시돈
가이사랴
예루살렘
지 중 해

0   250   500km

▲ 바울의 마지막 여행 지도: 이 지도는 대한성서공회 홈페이지에 제시된 것이다.
(http://www.bskorea.or.kr/infobank/bibuse/geodic/new_popup08.as
px)

제1장

바울의 체포와
가이사랴 이송

사도행전 기록에 따르면, 바울은 소위 '제3차 선교여행'을 마친 후 예루살렘에 도착하여 로마 병사들에 의해 체포된다. 성전에서 벌어진 소요가 원인이 되어 체포, 감금된 바울은 이 일로 인해 자신의 생애 중 결정적으로 중요한 변화를 겪게 된다. 이 사건 이후 바울에게 길고 긴 사법 절차가 기다리게 되는데, 사도행전의 마지막 장들(행 21-28장)은 이에 관한 묘사가 이어진다. 이 재판 과정이 바울의 마지막 여행에 관한 누가의 기록과 겹쳐 나타나기 때문에 그의 최후 여정은 바로 바울의 재판 과정과 포개진 채 제시된다. 그 긴 여정 중에서 먼저 행 21-23장에 나타난 바울의 체포, 연설에 관한 저자의 진술을 밀착하여 추적, 검토하기로 한다.

1. 예루살렘 도착

모든 사건은 바울이 예루살렘에 도착하는 것에서 시작한다. 그의 예루살렘 상경은 몇 해 전부터 계획된 것으로, 바울선교 활동의 새로운 국면을 이루는 일이었다. 로마 제국의 동부지역에서 선교 활동을 마친 뒤, 다음 단계로 바울은 스페인에서 새로운 선교지를 찾고자 했다.(cf. 롬 15:28)

스페인을 향해 가는 길에 그는 로마에 들러 이전부터 바랐던 로마 교인들과의 만남을 계획했다. 그런데 서방으로 향하여 길을 떠나기 전 바울은 몇 가지 이유로 로마 방문에 앞서 예루살렘을 찾기로 한 것 같다. 사도행전의 저자인 누가는 이점에 관하여 침묵을 지키고 있지만 로마서 15장 25-26절에 따르면, 그가 예루살렘을 방문하는 표면적 목적은 궁핍한 형편에 처한 예루살렘의 교인들을 위해 마케도니아와 아가야 지방에서 모은 구제금을 전달하려는 데 있었다. 물론 누가는 바울의 예루살렘 방문을 기술하면서 구제금에 관해서는 일체의 언급도 하지 않는다. 다만 후에 사도행전 24장 17절의 벨릭스 앞에서 했던 바울의 연설을 통해 단 한 번 이에 관해 이야기할 뿐이다. 어쨌든 바울은 이방지역 교회의 기부금을 예루살렘 교인들에게 전하는 것을 일종의 사랑의 실천으로 간주했을 듯하다. 그러나 그러한 동기는 단지 겉으로 드러난 이유일 뿐, 그 이면에는 어쩌면 한층 더 심각한 사유가 감춰져 있었을 것이다.

바울은 그동안 각지에서 벌였던 자신의 활동에 대해 예루살렘과 어떤 형태로든 연관을 가졌던 사람들로부터 집요한 반대와 어려움을 겪어왔다. 따라서 예루살렘 기독교인들이 자신에 대해 품고 있던 일종의 오해를 풀어주고, 새로운 국면의 선교 활동에 앞서 그들의 동의와 지지를 얻는 것이 선결과제라고 인식했을 것이다. 이런 과업 달성을 앞두고 바울은 적지 않은 부담감을 느끼고 있었을 것이다. 바울에게는 자신의 선교 방식과 원칙 등에 대한 유대 기독교인들의 동의와 승인을 받는 것이 새로운 지역의 선교 모험을 시작하기 전에 반드시 해결해야 할 문제였다. 바울 선교의 목표와 관행을 인정받고, 유대적 교회와의 동질성을 분명히 확인하지 않는다면 로마 너머 서부지역에서의 새로운 선교는 큰 의미와 성과를 얻지 못할 것이기 때문이다.

더욱이 로마 교회를 새로운 선교운동의 지원 세력으로 활용할 복안(롬 15:24)을 품고 있었을 바울에게는 예루살렘 교회와의 유대(紐帶) 형성이야말로 동부지역에서 해결해야 할 마지막 중요 과제로 인식되었을 것이다. 우리는 그의 서신(롬 15:30-31)을 통해 예루살렘 방문을 앞두고 자신의 선교와 예루살렘 교회와의 동질성과 '일치 의식' 확인이라는 문제에 관해 바울이 얼마나 많은 숙고와 고뇌를 했는지를 확인할 수 있다.

예루살렘으로 가면서 바울은 매우 심각한 위험에 직면하리라는 예감을 했다. 왜냐하면 로마의 지배 아래 있던 이 시기(주후 60년 전후) 팔레스틴의 정치적 상황은 매우 긴장된 상태여서, 사회는 전체적으로 공포감이 팽배해 있었다. 따라서 유대교에 미온적 태도를 가진 동포들에 대한 유대인들의 위협은 도처에 도사리고 있었다. 종교적 애국주의와 사회적 대립이 상승작용을 일으키는 위기상황을 불러일으키고 있었던 것이다. 그것은 유대인의 신앙이 공격적 민족주의와 합쳐져 정치적 폭력을 야기하는 형국이었다. 정치적 타협에 반대하는 유대인들의 증오심은 당연히 종교적 비전통주의자, 또는 자유주의자들을 적대시하게 했다. 이러한 상황에서 바울은 예루살렘 사람들이 자신에게 품었을 적대감을 능히 짐작할 수 있었던 것이다.

이렇게 바울이 어쩌면 목숨을 잃게 될지도 모르는 위험을 무릅쓰고 예루살렘에 가기로 결심했을 때에는 구제금 전달이라는 목적 외에 더 중요한 이유가 있었을 것이다. 구제금을 전달한다는 한 가지 목적만을 위해서라면 굳이 바울이 직접 나설 필요가 없었다. 이방지역 교회의 다른 대표나 장로들을 보낼 수도 있었다. 하지만 바울은 예루살렘으로의 구제금 전달을 매우 중요한 과제로 생각하고 있었다. 이 점에 관해서 로마서 15장 31절이 흥미로운 사실을 알려주는데, 거기서 바울은 두 가지 걱정을 하고 있다. 예루살렘에 있는 믿지 않는 자들의 증오가 그 하나이고, 구제금을 받지 않을지도 모르는 예루살렘의 성도들의 불신이 다른 하나이다. 바울은 아직 알지도 못하는 독자들에게까지 자신과 함께 기도할 것을 부탁한다.(롬 15:28) 이러한 바울의 걱정은 그가 이 여행에 얼마나 각별한 관심을 기울이고, 마음의 부담을 느끼고 있었는지를 분명히 보여준다.

바울은 예루살렘의 기독교인들이 구제금을 받아들인다는

사실이 이방 기독교인들을 기독교 공동체 안에 받아들이고, 마침내 바울의 선교활동을 인정한다는 증표가 되리라고 생각한 듯하다. 바울은 구제금이 받아들여지기만 하면 서방에서 이뤄질 향후 선교활동이 순조롭게 펼쳐지리라 기대했을 수 있다. 그에게 구제금은 교회 일치의 상징임과 동시에 자신의 선교적 권위를 인정받는 표시였던 것이다. 이러한 사정이 바울의 예루살렘 방문에 얽혀 있었고, 그런 목적과 의도를 달성하기 위해 그가 친히 여행길에 나서게 된 것이다. 하지만 누가의 글에서는 이에 관한 어떤 설명도 제시되지 않는다. 다만 우리는 저간의 숨은 사정을 염두에 두고, 사도행전에 실린 바울 행적의 기록을 추적해볼 뿐이다.

2. 구제금과 나실인 서원

바울의 예루살렘 도착을 묘사하면서 누가는 그의 예루살렘 방문에 대한 뚜렷한 목적을 제시하지 않는다. 우리는 그것이 구제금 전달이라는 구체적 목적을 띤 여행이었음을 알고 있지만, 저자는 그 사실을 밝히지 않는다. 이처럼 방문 목적을 밝히지 않은 것이 구제금 전달이라는 목적을 제대로 달성치 못한 데서 기인한 것인지 우리로서는 알 수 없다. 그러나 사도 행전 기록에서 구제금 전달 사실 보고가 조직적으로 생략되어 있는 점을 감안하다면, 어떤 알 수 없는 이유로 구제금이 제대로 전달되지 않았을 가능성도 배제할 수는 없다. 여하튼 예루살렘 도착 다음 날, 바울은 야고보를 찾았는데, 예루살렘 교회의 지도자들이 그의 집에 모여 있었다는 것이다.

바울은 야고보와 장로들에게 하나님이 자신의 선교를 통하여 이방인들에게 이룬 일을 낱낱이 이야기했다고 한다.(행 21:19) 이것은 빌립보와 데살로니가, 고린도 그리고 에베소에서의 사건에 관한 이야기였을 것이다. 예루살렘의 지도자들은 "하나님께 영광을 돌리며"(행 21:20) 하나님이 바울을 통해 이방인들의 복음화를 시작했다는 사실을 인정하면서도 "율법에 열성적인" 수천의 개종한 유대인이 바울을 변절자요, 배교자로 간주하고 있다는 사실을 숨기지 않는다. 야고보가 나서서 바울에게 그에 관해 떠도는 소문에 대해 이야기한다. "그런데 그들이 당신을 두고 하는 말을 소문으로 듣기로는 당신이 이방 사람 가운데서 사는 모든 유대 사람에게 모세를 배척하고 자식들

에게 할례도 주지 말고 유대 사람의 풍속대로 살지도 말라고 가르
친다는 것입니다."(행 21:21) 유대인들에게 '모세를 배척하라'
는 가르침, 즉 할례도 주지 말고 율법을 지키지 말라는 가르침
은 간단히 말해 지극히 엄중한 배교행위에 해당한다.

　모세 율법 배척에 관련된 이 비난은 주후 80년대로 추정되
는 저자 당시의 이방교회 상황에서 심각한 문제가 되었을 중
요 주제였다. 율법 준수를 포함한 유대적 삶의 양태를 기독교
인들이 어느 정도까지 수용해야 할 것인가를 교회 지도자들은
판단해야 했다. 그 점이 특징적으로 드러나고 있는 기록이 사
도행전 15장 예루살렘 회의에서의 논의이고, 또 21장의 텍스
트다. 이 두 기록에서 사도행전 저자는 유대 관습을 무조건적
으로 수용하는 모습으로도, 무차별적으로 배척하는 모습으로
도 드러나지 않는다. 그렇지만 적어도 유대 관습을 전통적 방
식으로 수용하지는 않고 있는 것을 발견하게 된다. 그 사실은
이미 이방 기독교가 유대적 전통에 대해 비판적이었다는 것을
반증한다. 그것은 또한 저자가 속한 교회공동체가 전승의 '단
절과 계승'이라는 새로운 기독교적 삶의 태도를 어느 정도 확
립하는 단계에 있었음을 반영하는 것이다.

그러나 바울을 겨냥한 이러한 비난은, 적어도 이전의 사도행전 기록에 근거해보면 사실과 다른 것이었다. 사도행전 16장 3절에 따르면 바울은 디모데에게 할례를 주었다. 그리고 그는 겐그레아에서 머리를 깎기도 했다.(행 18:18) 바울이 '모세를 배척하라'는 주장을 가르치거나 실행하지는 않은 것이다. 실제의 역사적 바울도 그의 편지들에 비춰보면 율법을 지키지 말라고 가르친 적도, 율법을 엄격히 지키라 가르친 적도 결코 없다. 하지만 예루살렘의 유대 기독교인 쪽에서 보면 바울이 율법을 멸시한다는 소문이 떠돈다는 사실 자체가 그곳의 기독교 지도자들을 불안하게 했으리라는 점은 상상할 만하다. 만일 유대인들이 유대교에 관한 바울의 입장과 예루살렘 유대 기독교인들의 입장이 동일하다는 사실을 알게 될 경우, 거기 사는 기독교인들의 처지도 위태로워질 수 있는 일이었다.

바울에 대한 소문이 부정적으로 떠돌 경우, 바울이 예루살렘에 온다는 사실만으로도 유대 기독교인들은 어려운 형편에 처할 수 있었다는 것이다. 따라서 예루살렘의 기독교인들은 공개적으로 바울을 전통의 충실한 추종자로 내세워야 할 필요가 있었을 것이다. 그렇게 함으로써 유대 기독교인들은 바울과 자신들에 대한 의혹의 눈초리를 누그러뜨릴 수 있을 터였다. 그러나 바울의 체포로 이러한 유대 기독교인들의 목적은 달성될 수 없게 되어버렸고, 결국 그들은 바울에게 향했던 관심을 거두게 된다.

이런 관점에서 바울의 긴 재판 과정 중에 어떠한 형태로든 예루살렘 유대 기독교인들이 개입하여 그를 구출하기 위해 애쓴 일이 없다는 사실을 이해할 수 있다. 그들은 유대인들과의 미묘한 관계 때문에 이렇게도 저렇게도 움직일 수가 없었던 곤란한 처지에 있었던 것이다. 사도행전에 따르면 체포되는 순간에도, 재판이 진행되는 중에도, 그들은 바울의 혐의를 풀어주기 위한 아무런 노력도 기울이지 않는다. 저자에 따르면, 일개 '청년'(바울 누이의 아들)이 어려움 없이 면회 허락을 받아낼 수 있었음에도(행 23:16 이하), 예루살렘 기독교인들은 감옥으로 바울을 보러 면회 간 일조차 없었다. 이러한 사실들은 예루살렘의 기독교인들이 처해 있던 곤혹스런 상황을 대변해 주는 듯하다. 그들은 이 사건에 연루되는 위험에 노출되기를 원치 않았던 것이다.

바울에 대한 유대인들의 이러한 적대감에 직면한 야고보

는, 바울로 하여금 유대 전통에 충실하다는 증거를 예루살렘 사람들에게 보여주어 그들을 안심시키도록 설득했다고 누가는 보고한다(행 21:23 이하). 예루살렘 기독교인들은 바울에게, 하나님 앞에 스스로 맹세를 했으나 너무 가난해서 머리를 깎을 비용이 없는 네 사람의 머리 깎을 비용을 대신 부담하고 이들과 함께 정결예식을 수행할 것을 제의한다. 바울은 이 제안을 받아들인다. 이러한 행동의 효과를 크게 기대하지 않더라도, 나실인의 머리 깎을 비용을 댄다는 것은 경건한 행위로 간주되었을 수 있다. 1세기 유대 역사가인 요세푸스에 따르면, 아그립바 1세는 예루살렘에 처음 도착하여 궁핍한 상태에 있는 수많은 나실인들을 돕는 선행을 했다고 한다.[■] 그와 마찬가지로 유대인들은 나실인을 도왔던 바울의 행위를 신실한 신앙의 표시로 받아들였을 것이다.

■ *Antiquités judaïques*, XIX, VI, I.

3. 체포

누가의 기록에 따르면, 예루살렘에 도착한 바울은 성전에서 체포되는 봉변을 당했다고 한다. 이 일을 보고하는 사도행전은 '아시아에서 온 유대 사람들'이 성전에서 바울을 보고 군중을 부추기며 그가 두 가지 잘못을 저질렀다는 이유로 바울을 잡았다는 것이다.(행 21:28) 여기서 두 가지 잘못이란 첫째, 바울이 각 곳에서 유대 민족과 율법과 성소를 적대해서 가르쳤다는 점이고 둘째, 그가 그리스 사람을 데리고 성전에 들어옴으로써 성전을 더럽혔다는 점이다. 누가가 체포의 정황을 상세히 기술하지 않았기 때문에 사태를 정확히 파악하기는 어렵다. 하지만 바울이 이룬 아시아에서의 활동을 알고 있는 아시아에서 온 유대인들의 비난에 유대 사람들의 무리가 선동되고 있음을 본문에서 알 수 있다. 저자의 글에 따르면, 이들이 바울과 함께 있던 아시아의 에베소 사람 '드로비모'를 알아본 것(행 21:29)으로 미루어 이들 중 몇 명은 에베소에서 온 것으로 짐작된다.

바울을 향해 던져진 비난의 내용은 둘로 나뉜다. 첫째는 유대인의 신앙과 관련된 종교적 차원의 문제다. 그들은 바울의 전반적 가르침을 문제 삼는다. '유대 민족, 율법 그리고 성소 (聖所)'라는 유대 국가와 유대교를 구성하는 핵심적 세 요소를 바울 비난과 연계시킨다. 비난의 내용이 사실일 경우, 유대인 존재의 기반을 이루는 세 가지 실체에 관한 모욕이 예루살렘을 방문 중인 바울 주변의 성전 순례자들을 얼마나 자극시키고 분노하게 할지 쉽게 짐작할 수 있다. 성전을 찾아올 만큼 믿음이 열성적인 순례자들이었으니 그 분노가 한층 격렬했으리라는 것은 당연하다.

둘째 비난은 바울이 그리스 사람을 성전 안에 들어오게 했다는 것이다. 이런 바울의 행동은 첫 번째 비난 내용을 확증하고 강화한다. 성전을 적대해서 '가르치는 것'에 만족하지 않고, '행동으로' 성전을 더럽혔다는 것이다. 이러한 종류의 비난은 대단히 심각한 의미를 함축한다. 이방인들로 하여금 성전을 범하게 하는 잘못은 사형에 해당하는 모독죄이기 때문이다.

여기서 바울 체포사건이 벌어지고 있는 사도행전 기록의 무대를 정확히 알기 위해 헤롯 성전 상황에 관해 살펴볼 필요가 있다. 주전 20-19년 헤롯 통치 아래 새롭게 건축되기 시작한 성전은 바울 시대에 아직 완성되지 않고 있었다. 공사가 완전히 끝난 것은 주후 62-64년이었다. 기드론 골짜기를 굽어보며 감람산을 마주하고 있는 이 성전은 가로 400미터 세로 300미터 가량의 넓은 평지에 자리 잡고 있었다. 기둥으로 받친 지붕 있는 낭하로 둘러싸인 이 거대한 직사각형 건물 중심에는 지성소가 있었다. 지성소의 입구로부터 열두 개의 단으로 이뤄진 층계를 내려오면 제사장들이 머무는 안마당에 이르게 된다. 지성소를 감싸고 있는 이 안마당에는 번제를 위한 제단이 있었다. 약 50센티미터 정도 높이의 벽이 제사장들의 안마당을 에워싸고 있고, 이를 다시 큰 마당이 둘러싸고 있었다. 이 큰 마당의 서쪽 부분은 벽으로 동쪽 부분과 나뉘는데, 오직 남자들만이 들어갈 수 있는 '이스라엘의 마당'이다. 동쪽 부분은 여자들의 마당으로 아래쪽을 차지하고 있었다. 남자들의 마당과 여자들의 마당은 벽 중앙에 있는 큰 문과 15단의 층계로 통했으며, 이방인들에게는 금지된 구역이었다.

로마 당국은 유대인들에게 이방인이 여자들의 마당 안으로 들어올 경우 사형에 처할 수 있는 권한을 부여했다. 이 안마당의 벽에 포고, 즉 안마당에 침입하는 모든 이방인은 사형에 처해질 것이라는 그리스어와 라틴어로 쓰인 경고문이 게시되어 있었다. 그러나 이 경우 사형의 형벌이 성전을 범한 이방인에게만 적용되었는지 아니면 이방인을 들어가게 한 사람에게까지 적용되었는지는 확실하지 않았다. 이런 사정이 있었기 때문에 사형 적용의 대상이 불분명하다 해도, 바울이 자신에 대한 사람들의 비난이 사실이 아님을 증명하지 못한다면 엄청난 결과가 야기될 수 있는 상황이었던 것이다.

이러한 상황을 묘사하면서 누가는 성전에 있던 사람들의 고소가 억측과 오해에서 비롯된 것이라고 덧붙인다. 유대인들은 바울이 예루살렘 거리를 에베소 출신인 이방인 드로비모와 함께 다니는 것을 보고, 바울이 그를 성전 안으로 데리고 들어왔으리라고 생각했다는 저자의 설명이다.(행 21:29) 바울에 대한 유대인들의 비난은 그러한 추정에 근거하고 있다는 것이다. 드로비모가 바울과 함께 성전에 들어가는 것을 유대인들이 실제로 보았는지, 아니면 단지 그렇게 믿는 척함으로써 군중들 사이에 소요를 일으켜 바울을 죽게 하려는 의도가 있었던 것인지는 알 수 없으나 상황은 나쁘게 진전된다.

이들의 분노에 찬 외침은 소란을 불러일으킨다. "마침내 온 도시가 소란해지고 사람들이 몰려들어 바울을 붙잡아 끌고 성전 밖으로 나가자, 성전 문이 곧 닫혔다.”(행 21:30) 이 표현 때문에 이 부분 서술이 과장되었다는 인상을 주게 되는데, '온 도시' 전체가 즉각적으로 들고 일어난다는 것은 불가능하기 때문이다. 비록 이 묘사에 과장이 섞여 있겠지만, 바울이 아니었을지라도 성전 침해에 관련된 소문은 사안이 중대한 만큼 빠르게 도시 안에 퍼질 수 있으리라는 점은 상상할 수 있다.

누가는 사람들이 바울을 잡아 성전 밖으로 끌어냈다고 보도한다.(행 21:30) 바울을 잡은 군중은 그의 존재로 인해 더 이상 성소가 더럽혀지지 않도록 하기 위해, 또 혹시 발생할지도 모를 유혈 폭력사태가 성전에서 벌어지지 않도록 하기 위해, 그를 성전 바깥으로 축출했을 것이다. 그리고 곧 '성전 문'이 닫혔다고 한다. 여기, '성전 문이 닫히고 바울이 유대교의 성소로부터 축출되었다'는 묘사는 어쩌면 하나님의 메시지를 거절하는 유대인들에게 '성전 문이 닫혔음'을 표현하는 상징이나 은유로 이해할 수도 있다. 물론 누가의 이 묘사를 유대인에 대한 최종적 거부라든가, 복음이 이방인에게만 배타적으로 향해간다는 점을 시사하는 '결정적 문 닫기'로 파악할 수만은 없다. 그런 해석은 지나친 비약일 테지만, 적어도 유대인들이 누리던 독점적 혜택이 사라져가는 것을 암시하는 측면이 있음은 사실이다.

바울에게 가해지는 폭력은 바깥 마당에서 계속된다.(행 21:32) 이러한 소란 속에서 사태는 치명적 사형(私刑)으로 이어진다. 병사들이 경계태세에 들어가고, 소요에 관한 소식은 예루살렘 파견대의 우두머리였던 '천인(千人)대장'에게로 전달된다. 그는 군인들과 '백인(百人)대장'들을 집합시켰다. 이들은 '즉시' 소요를 일으킨 사람들에게로 '달려갔다'고 한다. 여기서 '즉시' '달려갔다'(행 21:32)는 표현은 로마인들이 상황을 심각하게 인식했음을 보여주는 것과 동시에, 사태가 급박하고 긴장되게 전개되고 있다는 것을 드러낸다. 그래서 묘사의 극적 분위기를 더욱 높인다. 더구나 '백인대장'이라는 용어가 복수로 쓰인 것으로 보아, 도착한 군인들의 숫자가 상당했다는 것을 시사한다.

천인대장을 보자 폭도들이 바울 때리기를 멈췄다고 한다. 바울에 대한 이러한 폭력 행위는 성전을 더럽히는 자에 대해 성전 안의 경고문에 게시된 사형(死刑) 집행과 관련하여 설명될 수 있다. 그러나 이 문제는 다소 복잡한 사정들을 고려해야 한다. 즉, 성전을 더럽히는 자에 대한 사형 집행의 방법이나 집행 책임자에 대해서 정확히 알려지지 않고 있는데, 그렇다면 사형 집행의 담당 주체는 과연 누구인가? 산헤드린인가? 아니면 로마 권력인가?

금지령을 어긴 이방인의 사형은 로마인이나 산헤드린이 집행하기보다는 아마도 고의적 위반 사실을 직접 눈으로 본 현장에 있는 사람들이 실시했을 가능성이 높다. 이 경우 바울에 대한 유대인들의 집단적 폭력행위는 현장범 사형집행제의 정당한 적용이 된다. 그런 이유로 유대인들은 바울을 때려죽이려 했을지 모른다. 이와 관련하여 "바울을 죽이려고"(행 21:31), "바울 때리기"(행 21:32)라고 기술한 누가의 표현을 주목할 필요가 있다. 그러므로 이러한 법적 제재가 엄격히 지켜질 경우, 바울 사건은 심각한 결과 즉 바울의 생명 위험을 불러올 수 있었다. 누가의 기록으로 미루어 짐작하건대, 천인대장이 성전에서 벌어지던 일을 감시하던 안토니아 요새의 로마 병사들을 데리고 즉각 출동하지 않았더라면, 어쩌면 바울은 현장에서 살해당했을지도 모른다. 바울이 한동안 감금될 이 안토니아 요새는 남쪽으로 성전 마당으로 통하는 계단이 있어서 군대가 신속히 성전 안으로 진입해 들어갈 수 있게 되어 있었다. 로마 병사들이 모든 민중 소요에 효율적으로 대처할 수 있도록 준비를 갖추고 있었으며, 그랬기 때문에 로마 군대가 바울 사태에 기민하게 개입할 수 있었던 것이다.

이같이 혼란한 상황에서 어떤 천인대장 즉 사도행전 23장 26절 기록에 따르면, '글라우디오 루시아'라는 그 파견대장은 민중봉기로 발전할지도 모르는 소요사태를 진압하기 위해 즉각 개입한다. 루시아는 바울이 사건의 주동자 또는 중요 원인을 제공하는 인물이라고 생각하여 그를 체포하고, "쇠사슬 둘로 결박하라고" 명령한다. 이것은 식민지 치안질서의 유지에 책임이 있는 사령관으로서 당연히 취해야 할 행동이었을 것이다. 예루살렘에서 로마 권력은 총독이 부재중일 경우, 천인대장에 의해 대표되고 집행되었기 때문이다. 이리하여 로마 당국에 의해 잡힌 바울은 로마의 사법권 보호 아래 '체포 상태'에 놓이게 된다.

선동의 혐의를 받고 있는 바울의 신병(身柄)을 확보한 후 루시아는 사건에 대해 조사하기 시작한다. 사도행전 21장 34

절의 표현("무리 가운데서 사람들이 저마다 다른 말을 했다")을 감안한다면, 조사는 바울을 직접 대상으로 했던 것이 아니라 군중을 향해 행해지고 있었던 듯하다. 천인대장이 바울에게 "그가 누구이며 무엇을 하였는지"를 질문한다. 그 질문을 던지자 무리 가운데서 사람들이 저마다 다른 소리를 질렀다고 한다. 저자는 이러한 소란 때문에 루시아가 사건의 진상에 대한 정보를 얻을 수 없었다고 말한다. 그래서 그는 "확실한 것을 알기 위해" 바울을 "병영 안으로" 끌고 가라고 명령한다. 사태가 험악한 지경이라('무리의 폭행 때문에' - 행 21:35) 병사들이 바울을 병영으로 둘러메고 가야 했다. 그러자 사람들이 그들을 따라오면서 소리를 질렀다고 한다. "그를 없애라!"

누가의 서술에 따르면 바울은 병영에 들어가기 직전 천인대장에게 자신이 말할 수 있도록 허락해줄 것을 요구한다. 바울이 그리스어를 사용하여 말하자 루시아는 바울이 얼마 전에 폭동을 일으킨 이집트 사람이라는 선입견을 가졌던 듯, 다음과 같은 질문으로 대답한다. "당신이 그리스 말을 아시오? 그렇다면 당신이 얼마 전에 반란을 일으키고 나서 폭도 4천 명을 이끌고 광야로 나갔던 그 이집트 사람이 아니오?"(행 21: 37b-38) 이것은 부정적 답변이 전제된 질문이다. 즉 바울이 반도(叛徒)의 우두머리가 아니라는 것을 전제로 이러한 물음이 던져졌다는 것이다. 이 점은 저자가 천인대장으로 하여금 바울이 로마에 대항하는 유대인 민족주의자로 간주될 수 있던 혐의를 벗겨주도록 만드는 표현상의 기교다. 그리고 그것은 기독교가 정치적 메시아니즘이나 불순한 정치집단으로 오해될 여지를 차단하는 의미로 받아들여질 수 있다. 이어지는 기록 중 바울의 연설 요구를 천인대장이 수락하게 만드는 것도 저자의 이 같은 의도가 반영된 묘사라고 보아야 할 것이다.

그러자 바울은 자신의 신분을 부분적으로 밝히며("나는 다소 태생인 유대 사람으로 유명한 도시 길리기아 사람입니다"), 백성들에게 발언할 수 있게 허락해줄 것을 요청한다. 그리고 그 요청은 받아들여졌다. 이리하여 바울은 "층계에 서서 무리에게 손을 흔들어 신호를 했다. 그러자 군중이 아주 조용해져서 바울은 히브리말로 연설했다"는 것이다.(행 21:40)

저자가 묘사한 이러한 사태의 추이는 몇 가지 중요한 서술상의 문제점들을 안고 있다. 이를테면, 그 소란 속에서 어떻게 백성들에게 말할 수 있는 허락을 얻을 수 있었을 것인가, 허락을 얻었다 하더라도 극도의 흥분상태에 있는 군중들에게 폭행을 당한 사람이 어떻게 군중들이 알아들을 수 있도록 말을 할 수 있었을까, 그리고 조금 전까지만 해도 바울을 죽일 정도로 폭력을 행사하려던 성난 군중이 어떻게 바울의 손짓 하나에 갑자기 조용해져 그의 연설을 들으려 했을까 하는 문제 등이 그것들이다. 아울러 손이 쇠사슬로 결박된 바울이 어떻게 손으로 신호를 하여 군중들로 하여금 조용하게 할 수 있었을까, 그리고 천인대장은 바울의 그리스어를 듣자마자, 알려진 선동가이며 정치적으로 위험한 인물이라는 바울의 신분에 대한 자신의 선입견을 그토록 쉽게 버릴 수 있었을까 하는 점에 관해서도 의문이 생긴다. 그보다 천인대장이 어떻게 바울을, 도망쳤다가 예루살렘의 위험 속으로 되돌아온 이집트인으로 생각할 수 있었는지도 이해하기 어렵다. 사실 이집트의 유대인들이 그리스어를 말했을 가능성은 높다. 왜냐하면 이 시대 그리스어는 제국 동부에 위치한 서부지역에서 통용되는 국제어였기 때문이다. 따라서 사용된 언어만 가지고 그의 신분을 추측해낸다는 것은 이해하기 어려운 일이다.

이 모든 질문에 대해 사실주의 소설가나 오늘날 신문기자의 정신으로 해답을 구하려 해서는 안 될 것이다. 이야기를 생동감 있게 그려내고, 인상 깊게 제시하기 위해 동원된 저자의 역사적, 문학적 상상력을 감안해야만 한다는 뜻이다. 따라서 고대 문헌이 갖춘 역사성은 과학정신의 엄밀한 객관성에서 그것을 찾기보다는, 의미론적 상상력의 신축성 속에서 그 진수를 발견할 수 있다는 신중한 자세로 접근할 필요가 있다.

누가의 서술 중 사도행전 21장 38절의 "그렇다면 당신이 얼마 전에 반란을 일으키고 자객 4천 명을 이끌고 광야로 나갔던 그 이집트 사람이 아니요? 하고 반문했다"는 지적에서 바울 사건에 대한 누가의 정치적 암시를 읽는 것은 어렵지 않다. 이미 위에서 언급했듯이 루시아가 이집트 사람을 들먹이며 바울이 정치적 혐의자일 수도 있다고 짐작했다가, 즉시 이 의심을 버리게 만드는 것은 누가의 서술상 전략일 것이다. 저자는 그렇게 바울이 죄가 없다는 인상을 심어줌으로써 바울 사건 자체에 대해, 나아가 이제 태동하여 발전하려는 기독교에 대한 로마인들의 정치적 의구심을 없애고자 한 것이다.

이런 이해의 연장에서 바울의 발언을 검토할 필요가 있다. 루시아가 자신에게 모종의 혐의를 두고 있음을 느낀 사도행전 속의 바울은 자신의 무고함을 입증하려 한다. 바울이 강조 용법을 구사하며, "나는 유대 사람이다"라고 말하는 것은 자신에게 성전에 들어갈 수 있는 권리가 있음을 과시하는 측면이 있다. 왜냐하면 바울은 천인대장이 그의 그리스어를 듣고 그를 이방인 즉 성소를 더럽힐 수 있는 출입금지자로 생각할 수도 있으리라는 사실을 감안했을 것이기 때문이다. 그러면서 바울은 당당하게 "'무명(無名)치 않은' 도시"라고 자신의 출신지를 부각시키며 '다소' 출신임을 확언한다. 이렇게 바울은 이집트의 유대인 선동가라는 자신에 대한 혐의를 벗으려 노력한다. 바울은 자신이 '이름 없는 곳이 아닌' 다소 시민임을 자랑스럽게 제시하지만, 이 사실은 그의 재판에서 아무런 긍정적 역할도 하지 못한다.

바울이 계단 위에서 행한 연설(행 22:1-21)은 소위 '친밀한' 뉘앙스의 언어를 사용하면서 시작하여("부형(父兄)들이여!"), 자신을 변호하기 위해 말하겠다는 연설의 주제 언급으로 이어진다. "내가 이제 여러분 앞에서 변명하는 말을 들어주십시오." 일반적으로 '변호'란 고소에 대한 반론이어야 한다. 다시 말해 바울은 자신이 제시하는 연설 주제에 합당한 말을 하려 한다면, 성전을 더럽혔다는 유대인들의 즉각적 고소에 대해 응수하는 발언을 해야 했다는 것이다. 그러나 여기서 그의 변호는 지금 문제되고 있는 자신의 신상과 관련된 주제로 진입하지 않고, 보다 큰 명제 즉 그가 율법에 반하여 가르친다는 좀 더 심각한 비난에 집중하고 있다.

바울은 자신의 종교적 가르침에 관한 의심에 대해 대답하며, 그가 사람들이 비난하는 것처럼 유대교의 적이 아니라는 사실을 입증하고자 한다. 바울은 태생의 기원에서 시작하여, 가말리엘의 제자로서 받은 교육 그리고 '이 도(道)'를 따르는 사람들을 박해했던 일 등 자신의 경험을 이야기하며, 스스로가 진정한 유대인임을 증명하려 한다. 이렇게 과거를 밝힘으로써 바울에 대한 유대인들의 고소를 은근히 반박하려는 것이다. 그는 자기가 비록 디아스포라 출신이지만 전통을 따라 예루살렘에서 교육을 받았다는 사실을 강조한다. 더욱이 그는 가말리엘의 문하에서 율법의 엄격한 방식에 따라 교육을 받았다고 한다. 바울은 자신이 "오늘의 여러분처럼 하나님께 대하여 열심 있는 사람"이라고 선언한다.(행 22:3) 청중들에게 우호적 분위기를 풍기는 말을 함으로써 바울은 자기의 열성과 그를 고소하는 사람들의 열성이 동일한 것임을 부각시키려 한다. 이를테면 상대방의 진실성을 인정할 뿐 아니라 그 진실성에 근거하여 자신의 진실성을 또한 돋보이게 하려는 것이다.

그러고는 대제사장과 모든 장로들을 자신의 무죄를 입증할 증인으로 소환하는 듯하다. 기독교인들에 대한 박해와 율법을 위한 열성에 관해 자기가 말한 바가 진실임을 그들이 증명할 수 있다는 것이다. "이 일에 대해서는 대제사장과 모든 장로들이 내 증인입니다."(행 22:5) 물론 과거 자신이 벌였던 박해 행위를 말하며, 현재의 대제사장과 장로들을 향해 던지는 이 호소는 좀 무모한 측면이 있기는 하다. 마치 과거와 동일한 대제사장, 동일한 장로들이 여전히 같은 직책을 맡고 있는 듯 말하고 있지만, 일반론적 시각에서 그들 직군들을 언급하고 있다고 보면 크게 문제될 일은 아니다.

다음으로 이어지는 발언은 바울의 소명에 관한 긴 진술이다.(행 22:6-16) 바울은 기독교인들의 박해자였던 자신이 어떻게 기독교인이 되었는지 설명하기 위해 소명 체험에 대해 말한다. 다마스쿠스로 가는 길에서 일어난 사건 당시, 바울은 아나니아란 사람의 인도를 받았다고 한다. 바울은 자신을 인도했던 아나니아가 모범적 유대인이었음을 강조한다. "그는 율법을 잘 지키는 경건한 사람이었고 거기 사는 모든 유대 사람에게 존경을 받는 사람이었습니다."(행 22:12) 다시 한 번 바울은 자신의 주변 인물들이 가진 유대교 신앙과 율법에 대한 열성을 부각시킨다. 게다가 그는 다음과 같은 말을 덧붙인다. "그후에 나는 예루살렘에 돌아와 성전에서 기도하는 가운데……."(행 22: 17) '성전에서의 기도'를 언급하며 자신과 전통적 유대교와의 긴밀한 관계를 과시하는 것이다. 여기서 저자가 암시하는 '예루살렘으로의 귀환' 그리고 '성전 출입'이라는 표현에 담긴 유대교로의 집중과 관심을 간파할 수 있다. 바울은 자신에게 성전은 여전히 기도하는 장소이고, 그곳에 자주 출입하고 있음을 강조한다. 다시 말해 누가는 바울이 청중들의 마음에 드는 이야기를 교묘히 전개하도록 묘사하는 것이다. 그러나 바울이 이방인 선교를 정당화하려는 의도를 나타내자("그때 주께서 말씀하셨습니다. '가라. 내가 너를 멀리 이방 사람에게 보낸다.'" - 행 22: 21), 연설 상황은 급변한다.

누가에 따르면 바울의 말을 여기까지 듣고 있던 유대인들이 다시 소리를 지르기 시작했다고 한다. "이런 사람은 이 땅에서 없애버리자. 살려두면 안 된다."(행 22:22) 이런 갑작스런 연설 제지는 이야기 진행의 극적 효과를 높이려는 저자의 독특한 기교(참고. 행 4:1, 4:31, 10:44, 23:7)임이 자명하다. 분노에 찬 외침과 더불어 그들은 두 가지 이상한 행동을 한다. "옷을 내던지고 공중에 먼지를 날렸다"(행 22:23)는 것이다. 이런 행동은 다음과 같이 해석될 여지가 있다. 먼저, 겉옷을 던진다는 것은 옷을 벗음으로써 어떤 '다른 행동'을 위한 준비태세를 갖춘다는 의미일 수 있다. '다른 행동'이란, 이것이 성전 안 상황임을 감안할 때 돌로 쳐 죽이는 행동을 가리킨다. 누가는 스데반을 돌로 쳐 죽이는 장면에서 옷들을 따로 두었다고 기술한다.(행 7:58, Cf. 행 22:20) 즉 '돌로 죽이는 행위'와 '옷'의 동기가 결합된다는 것이다. 다음, 공중에 먼지를 날린다는 것은 바울에 대한 협박의 표시일 수 있다. 유대인들은 로마 군인들이 함께 있는 상황에서 그들의 살인 의사를 표명할 수가 없었다. 공중에 먼지를 날리는 행동은 실제적 공격 행위라기보다 군중들의 흥분과 분노의 표시일 것이다. 사도행전에서 먼지나 겉옷을 사용하는 행동에 대해 언급하고 있는 구절들(행 13:51, 14:14, 18:6, 22:22)을 검토하면, 하나님에 대한 모독이 문제될 때 그런 행동을 했다는 것을 발견할 수 있다. 이곳 본문에 비추어보면, 이방인들에 대한 선교가 하나님이 시키신 일이라는 바울의 말을 들은 유대인들은 이를 하나님에 대한 모독으로 간주했을 수 있다. 그래서 분노와 협박을 표시하는 행동을 한 것이다.

이러한 소동을 겪게 되자 천인대장이 또다시 개입한다. 바울을 병영 안으로 끌어들이라 이르고, "바울을 채찍으로 때리며 심문하여 사람들이 바울에 대하여 소리 지르는 이유를 알아내도록 하라"(행 22:24)고 명했다는 것이다. 저자의 표현 문맥을 유추해보면, 바울의 발언을 통해 소란이 진정되기를 기대하며 말할 것을 허락했던 천인대장은 군중의 분노가 가라앉기는커녕 더욱 확대되는 것을 발견하게 되었다는 뜻이다. 그러자 그는 이 사건을 좀 더 진지하고 심각하게 다룰 결심을 한다. 천인대장은 바울이라는 인물에게서 소요를 야기하는 '어떤' 위험인자를 보았을 수 있다. 그는 바울이 어떤 내용이든 도발적 발언을 했으리라 짐작할 수 있다. 따라서 그는 바울을 안토니아 요새로 데리고 가서 집중적으로 심문하라는 명령을 내린다.(행 22:24) 병영 안에서는 재판 과정이라기보다 형사 조사 절차라

할 수 있는 장면이 벌어지게 된다. 소요의 원인이 무엇이었는지 알아내기 위해 천인대장은 바울을 채찍질하라 명령한다. 로마 사람들에게 고문은 관례적 조사방법이었을 것이다. 로마법은 자유민에게는 치욕적이지 않은 방식, 곧 매질 또는 몽둥이질만을 허용했으며 채찍질은 허용하지 않았다. 자유민에게는 몽둥이가 사용되었고, 채찍은 노예들에게 사용되었다.

여하튼 "그들은 가죽줄로 바울을 묶었다(또는 '그들은 가죽줄로 바울을 채찍질했다'로도 번역 가능)"고 한다.(행 22:25a) 이 표현이 바울을 어떤 상판(床板) 위에 눕힌 뒤 가죽끈으로 묶는 것을 의미하는지 아니면 가죽끈으로 때리는 것을 의미하는지 분명치 않다. 묘사 상황을 추정한다면, 아마 로마 군인들이 채찍질을 할 때 움직이지 않게 하기 위해 바울을 눕혀서 끈으로 묶었던 것으로 보는 게 그럴듯하다.

4. 바울과 로마 시민권

바울은 극악한 고문을 당하게 될 절체절명(絶體絶命)의 순간에 처하게 된다. 이때 그는 마치 마술카드를 빼들 듯이 자신이 로마 시민권자임을 주장한다. 즉 끔찍한 채찍질이 따르는 심문을 당하려는 순간, 바울은 '로마 시민으로서의 권리'를 주장한다. "바울은 거기 서 있던 백인대장에게 '로마 시민을 유죄판결도 내리지 않고 매질하는 법이 어디 있습니까?' 하고 말했다."(행 22:25b)

바울로부터 자신이 로마 시민이란 말을 들은 백인대장은 그를 어떻게 처리할 것인지를 천인대장에게 문의했다고 한다.(행 22:26) 그러자 천인대장이 바울에게 와서 확인하게 된다. 바울이 그 사실을 시인하니, 천인대장은 자신이 '돈을 많이 들여 시민권을 얻었다' 하고, 바울은 '나면서부터' 시민임을 말했다는 것이다.(행 22:27-28) 여기서 누가는 로마 시민권의 취득방식에 대한 언급을 하고 있는데, 천인대장은 돈을 주고 시민권을 얻었다는 것이고 바울은 나면서부터 시민권을 가졌다는 것이다. 일반적으로 로마 시민권을 크게 세 가지 방식으로 획득할 수 있었다고 한다. 첫째는 바울과 같이 출생에 의한 권리 이양이고, 둘째는 개인적으로나 집단적으로 내려진 정식 허가에 의한 부여인데 천인대장의 경우 그런 허가를 돈 주고 매입했다는 것이며, 셋째는 노예해방을 통한 방식으로 시민권을 얻을 수 있었다. 그러나 바울의 조상이 어떻게 시민권을 얻게 되었는지, 또 천인대장의 시민권 취득 과정이 구체적으로 어땠을 것인지를 자세히 알 길은 없다.

바울이 로마 시민임을 밝히자 "바울을 심문하려던 사람들이 곧 물러가고 천인대장 자신도 바울이 로마 시민이라는 것과 시민을 쇠사슬로 결박한 일 때문에 두려워했다"고 한다.(행 22:29) 이런 표현이 제시된 것은 로마 시민 보호규정이나 시민의 권리 규정 등이 작용했다는 점을 시사하고, 천인대장이 그런 규정을 위반했음을 두려워했던 것으로 이해된다. 그렇다면 바울이 끔찍한 심문을 피할 수 있었고, 차후에 황제에 상소를 가능하게 했던 로마 시민권자가 누렸던 특권이란 어떤 것들이 있었을까?

먼저, 로마 시민이 가졌던 공법(公法)적 측면의 몇 가지 특권이 알려진다. 시민권자들은 십자가나 채찍질 같은 모욕적 형벌을 받지 않을 권리가 있었다. 이런 로마 시민의 법적 특권과 관련해서 사도행전 22장 29절의 상황을 이해할 수 있다. 천인대장이 "바울이 로마 시민이라는 것과 시민을 쇠사슬로 결박한 일 때문에 두려워했다"는데, 천인대장은 로마 시민을 모욕적 방법으로 다루지 못하게 하는 법을 어길 위험이 있다는 사실을 알고 있었기 때문에 '두려워했을' 수 있다.

또, 로마 시민은 정치적 권리의 측면에서 두 부류로 나눌 수 있었는데, 한 부류는 민회에서 투표를 하고, 법관으로 선출될 수 있는 피선거권이 있는 사람들이고, 또 다른 부류는 투표권도 법관이 될 권리도 없었던 일종의 법적 권리 제한자로 분류되는 사람들이었다. 바울은 아마도 유대인 동족들과 마찬가지로 정치적 권리가 배제된 두 번째 부류에 속했을 것이다. 그 밖에 시민권자들은 민회 등의 재판기구, 상급법원이나 황제에게 항소할 수 있는 권리, 로마 군대에서의 복무권, 3중의 이름을 가질 수 있는 권리 등을 누렸다. 그런데 공화정 치하에서 매우 명예로운 것으로 간주되었던 이러한 로마 시민권은 제정 치하에서 그 광채를 상실하게 되는데, 이유는 로마 시민권자 숫자가 증가했기 때문이다. 이러한 시민 수의 획기적 증가는 시민권의 가치를 점차 하락시켰다. 마침내 안토니우스 카라칼라(Caracalla) 황제(주후 212년)가 제국 전역의 모든 자유민에게 로마 시민권을 부여하게까지 되자 시민의 권리는 모든 정치적 의미와 권리를 상실하게 된다. 그러나 주후 1세기 중엽 바울의 시대에는 로마 시민이 여전히 드문 고귀한 신분을 지칭하였다.

바울이 로마 시민임을 내세우자 천인대장은 이전에 빌립보의 치안관이 그러했던 것처럼 아무런 의심 없이 그를 믿었다고 한다. "바울을 심문하려던 사람들이 곧 물러가고……."(행 22:29) 간략하게 줄여진 이 이야기를 제대로 이해하려면 바울의 시민권 소유 사실을 확인하는 절차가 있지 않았을까 추정할 수 있고, 바울은 어떤 형태로든 시민임을 증명하는 증명서를 소지했을 가능성이 있다.

이처럼 극적으로 드러난 바울의 로마 시민이란 신분 공개를 통해 바울 사건은 새로운 국면을 맞게 된다. 이제부터 바울에 관한 사법절차는 로마 시민의 법적 권리 위에 그 근거를 두게 된다. 바로 이러한 신분상의 특질이 바울의 재판을 예수, 스데반 그리고 야고보의 재판과 구별되게 한다. 사도행전의 바울은 이 상황 외에도 빌립보에서 이미 로마 시민의 권리를 주장한 바가 있다.(행 16:37, 38) 바울이 로마 시민이라는 사실은 앞으로 전개될 그의 재판과 여정에서 결정적으로 중요한 역할을 하게 된다.

5. 산헤드린 앞에 선 바울

사도행전 22장 30절에 따르면 바울이 예루살렘 성전에서 체포된 다음 날, 천인대장은 무슨 일로 유대인들이 바울을 고소하는지 그 진상을 알아보려고 바울의 결박을 풀어주게 한 후, 대제사장들과 온 산헤드린(Sanhedrin)을 소집해 바울을 그들 앞에 세웠다고 한다. 즉 천인대장은 바울 사건에 대해 좀 더 상세한 정보를 얻기 위해 산헤드린을 소집했다는 것이다. 이런 바울의 출두는 피의자 심문의 한 단계라 할 수 있다. 사실, 성전에서 바울이 체포되던 장면 서술을 따른다면(행 21:27), 천인대장은 지금 이 단계에서 체포 당시의 증인들 즉 아시아에서 온 유대인들을 심문해야 했다. 그러나 그는 아시아에서 온 유대인들을 부르는 대신 산헤드린의 소집을 명령한다. 저자의 글을 이해하려는 쪽에서 관찰하면, 그것은 산헤드린을 '원고'로 여긴 처사일 것이다. 천인대장은 산헤드린을 유대 세력의 대표로 간주하고, 이를 소집한 것으로 볼 수 있다.

여기 등장하는 산헤드린은 유대의 종교와 민사(民事)를 총괄하는 범민족적이고 사법적인 의회 기구다. 그 구성은 회장을 포함하여 일흔일곱 명의 산헤드린 원(員)으로 구성되었다. 당시 산헤드린은 사법, 종교, 입법의 세 가지 권력을 행사했으며, 문화적인 일들을 포함하여 나라의 모든 일을 관장하는 원로원의 역할을 하기도 했다.

그러나 무엇보다 예루살렘 산헤드린의 주요 역할은 상급 법원의 기능을 담당했다는 점이다. 산헤드린은 지방 산헤드린 법정이 다룰 수 없는 문제들이나 중요한 사건을 판결할 수 있는 권한을 지닌 유일한 사법기관이었다. 로마제국 시대에 황제의 대리로서 그의 통치권(imperium)을 나눠가졌던 총독은 유대의 사법, 행정에 관한 권한을 행사했다. 그러나 실제로는 총독이 관여하고자 원했던 몇몇 문제를 제외한 이스라엘에 관한 형사 또는 민사 사건에 관해서 산헤드린은 어느 정도 자율적으로 처리할 권한을 부여받았다. 지역의 관습이나 법률이 로마의 질서에 위배되지 않는 한, 폭넓게 현지의 법과 관습을 인정하는 것이 정복지에서 로마인들의 관행이었던 것이다. 따라서 로마인들은 유대인들에게 하급 재판사건들은 유대 법률에 따라 처리할 권한을 주었다. 로마인들이 정복지의 모든 일을 전적으로 관리한다는 것은 실제 물리적으로도 거의 불가능한 일이었을 것이다. 그래서 산헤드린은 로마의 통치 아래서도 사법 분야에서 유대 민족의 최고 권력기구로 존속했던 것이다.

이제 바울은 유대 민족의 최고 사법기관 앞에 피고의 신분으로 출두하게 된다. 사도행전 본문에 따르면 피고인 바울은 이러한 상황에서 으레 있어야 할 대제사장의 질문을 기다리지 않고, '먼저' 자신을 변호하기 위해 발언을 시작한다.(행 23:1) 이것은 자연스런 상황묘사는 아니다. 적어도 모임을 소집한 천인대장의 모두(冒頭) 발언과 모임의 의장인 대제사장의 또 다른 연설이 있었으리라 기대하는 것이 오히려 당연하다. 그러나 상황을 단순화시켜 묘사했을 것이라 양해하면 문제는 없는데, 여하튼 누가의 서술은 바울이 '주목하며'라는 단어로 시작한다.(행 23:1) 이 말은 곧 이어 전개될 내용을 이끌기 위한 저자의 기교다. 즉 자신이 바리새파 사람이라는 선언과 부활에 대한 믿음과 희망에 관련된 주의(注意) 환기(행 23:6), 그리고 바울과 산헤드린 사이에 팽배한 갈등 등의 메시지에 독자들의 주의를 끌기 위한 문학적 장치라는 것이다.

산헤드린 회합 장면에 대한 서술은 바울의 짤막한 두 차례 발언과 그 발언들이 야기한 두 차례의 극심한 혼란(행 23:2, 23:7-9)으로 구성된다. 먼저 바울은 산헤드린 앞에서 자신은 그날까지 하나님 앞에서 오로지 바른 양심을 가지고 살아왔다고 말한다. 이 말을 들은 대제사장은 바울의 입술을 치게 한다. (행 23:2) 바울을 때리는 묘사가 등장하는 이유는 질문도 기다리지 않고 말을 시작한 그의 무례한 행동 때문은 아닐 것이다. 그보다는 저자가 '하나님 앞에서의 바른 양심' 운운하는 그의 말과, 사람들이 가졌던 그에 관한 부정적 이미지가 완전히 반대로 나타나고 있음을 극적으로 부각하기 위해 이런 묘사를 하고 있는 것이다. 즉 바울에게서 유대교의 대적(對敵)을 확인한 듯한 행동이라는 점이다.

이러한 모욕에 대해 바울은 격렬히 반응한다. "하나님이 그대를 칠 것이요. 회칠한 벽이여!"(행 23:3) '회칠한 벽'은 겉은 희게 칠했으나 속은 시체로 가득한 납골당, 무덤에 기원을 둔 평범한 부정적 질책일 수 있으나 "하나님이 그대를 칠 것이요"라는 표현은 심각한 저주가 담긴 욕설이다.(Cf. 신 28:22, 겔 13:10-14) 누가의 이 표현에서 욕설을 들은 대제사장 아나니아(Ananïas)가 장차 겪게 될 비극적 최후를 상기할 수도 있다.

그는 친로마적 태도 때문에 반(反)로마 봉기가 시작될 66년 무렵, 자객에 의해 살해되었던 것이다. 따라서 저자가 바울의 이 저주에 심각한 결과를 실어 담아내고 있는 것을 알 수 있다.

곧바로 바울의 말은 사도행전 23장 3절의 하반부에 이어진다. "그대가 나를 율법대로 재판하려고 거기 앉아 있으면서 도리어 율법을 어기고 나를 치라고 명령한단 말이오?" 이것은 다소 의문을 자아내는 표현이다. 왜냐하면 곧이어 나타나는 23장 5절에서 바울은 그가 대제사장인 줄 몰랐다고 말하고 있으나, 여기 3절 하반부에서는 산헤드린의 의장을 이미 알고 있는 듯한 인상을 주기 때문이다. 그렇지 않아도 바울은 앉은 자리나 복장으로 대제사장 아나니아를 알아보았어야 했다. 게다가 바울의 말을 따르면, 단순한 조사(인정심문)임을 암시하고 있는 사도행전 22장 30절의 언급과는 달리, 그는 이 산헤드린 모임을 법정으로 간주하고 있는 것처럼 보인다('그대가 나를 재판하려고 거기 앉아 있으면서,' Cf. '나는 재판을 받고 있습니다' – 행 23:6c). 이것은 저자가 부지불식간에 드러내고 있는 상황의 미세한 인과율적 흐름에 대한 간과(看過)로 이해해야 한다. 이런 문제점들이 있음에도 불구하고 저자는 대제사장을 모욕하느냐는 참석자들의 경고에 바울이 그를 못 알아보았노라고 사과했다고 한다. 덧붙여서 구약을 간략히 인용함으로써 바울의 사과 의도를 보다 분명히 한다. "성서에도 '네 백성의 지도자를 욕하지 말라'(출 22:27)고 쓰여 있소." 바울의 사과 내용은 지도자로서의 대제사장의 위상을 확인시키는 영합적 성격을 갖는다.

이어지는 바울의 말은 또 다른 혼란을 불러일으킨다. 다시 말해 산헤드린 구성원 사이에 일종의 분쟁을 야기한다는 것이다. 이것은 사두개파 사람과 바리새파 사람 사이에 존재하는 경쟁적 다툼의 상황을 이용하여 궁지에서 빠져나가려는 전략으로 이해될 묘사다. 산헤드린 내부에 사두개파와 바리새파의 두 파가 있는 것을 알고 있는 바울은 이 두 파로 하여금 다투는 상황을 유도하는 듯하다. 저자가 그리는 바울은 이 두 파 사이의 교리 대립을 이용한다. 바리새파 사람이라는 자신의 또 다른 신분을 밝힌 뒤, 바울은 다음과 같이 선언한다. "나는 우리의 희망인 죽은 자들의 부활에 관한 문제로 재판을 받고 있습니다."(행 23:6)

바울은 부활에의 믿음이라는 논란의 대상이 되는 중요한 문제를 거론함으로써 바리새파의 교리에 충실함을 보여주며 바리새파의 뒤로 자신을 숨기는 전략을 구사한다. 이러한 의도는 산헤드린 사이에 분열을 일으키고 회중 사이에 '큰 소란'(행 23:9)을 야기했다고 한다. 저자의 이 진술에는 상황과 잘 조화되지 않는 몇몇 사항이 있다. 첫째, 산헤드린이 바울 사건에 대해 심문한다는 모임의 실제 목적을 망각한 채 신학적 논쟁에 몰두했다는 점, 둘째, 두 파가 마치 산헤드린에서 이전에 같이 일한 적이 전혀 없었던 듯 신학적 입장 차이에 대해서는 잘 알지 못했다는 듯 격렬히 다툰다는 점 등이 그것이다. 그렇지만 저자로서는 그러한 부조화 사항들을 깊이 인식했다 해도 자신의 이야기 전개의 흐름과 강조점 안배에 비추어, 제시된 본문과 같은 글을 엮을 수밖에 없는 불가피한 측면이 있었을 것이다. 요컨대 저자의 서술 진행의 독특한 감각이 이 같은 상황 전개로 이끌었을 것이라는 추측이다.

결국 이 소동 끝에 바리새파 사람들은 피고에게 유리한 선언을 한다. "바리새파 사람 편에서 율법학자 몇 사람이 일어나 바울을 편들어, '우리는 이 사람에게서 조금도 잘못을 찾을 수 없습니다. 만일 영이나 천사가 그에게 말해주었다면 어떻게 하겠습니까' 하고 선포했다."(행 23:9) 그리고 이어지는 누가의 서술에 따르면, 논쟁이 커지자 천인대장은 바울이 그들에게 찢길까 염려되어 병사(兵士)에게 '내려가 바울을 그들 가운데서 빼내어 병영으로 데려가라'고 명령했다는 것이다.(행 23:10) 산헤드린 집회의 소용돌이에 휘말린 뒤 바울은 다시 원래의 출발점으로 돌아와 선다. 바울의 재판을 위한 예비심문은 이렇게 실질적 진전을 보지 못한 채 제자리걸음을 하게 되는 것이다.

그날 밤, 저자는 병영에서 바울이 예수의 음성을 듣는 독특한 경험을 했다는 기록을 남긴다. 즉 예수가 바울을 안심시키면서 여기 예루살렘에서 그랬듯이 로마에서도 증언하게 될 것이라는 말을 그가 듣게 되었다는 것이다.(행 23:11) 이것이 꿈속에서 벌어진 일이었는지 아니면 무아경(無我境) 속에서 벌어진 일이었는지를 누가는 밝히지 않는다.

6. 살해 음모

이어지는 사도행전 23장 12-22절은 바울을 살해하려는 유대인들의 음모에 관해 기술한다. 마치 탐정소설을 방불케 하는 박진감 넘치는 이야기는 마흔 명이 넘는 유대인들의 모의와(12-15절) 바울의 조카가 했던 밀고로(16-22절) 구성된다.

유대인들은 바울을 죽이기 전에는 먹지도 마시지도 않겠다고 '저주함으로' 맹세했다고 한다.(행 23:14) 달리 말해 이들은 서약을 지키지 못할 경우 하나님의 저주를 받겠노라 맹세했다는 것이다. 그들은 대제사장과 장로들을 찾아가 다음과 같은 제안을 한다. "우리가 바울을 죽이기 전에는 아무것도 입에 대지 않기로 굳게 맹세했습니다. 그러니 이제 당신들은 산헤드린과 함께 바울에 대한 일을 좀 더 자세히 알아보려는 척하면서 천인대장에게 청원하여 바울을 당신들 앞에 끌어내 오도록 하십시오. 우리는 그가 이곳에 이르기 전에 죽일 준비를 다 해두었습니다." (행 23:14-15) 이를테면 이들은 바울을 다시 한 번 산헤드린 앞에 출두하게 해줄 것을 요구한 후, 그가 오는 길에 매복하여 기다렸다가 죽이려 한다는 것이다. 그렇지만 살해할 구체적 방법에 대해서는 밝혀져 있지 않다.

그러나 이 매복 작전은 바울의 젊은 조카의 개입으로 실현되지 못하게 된다. 신약성서 중 바울의 가족에 대한 언급이 등장하는 곳은 이 부분이 유일한데, 바울의 누이의 아들이 음모를 눈치 채고 요새로 와 바울에게 이를 알렸다는 것이다.(행

23:16) 바울의 조카가 어떻게 유대인들의 음모를 알게 되었는지, 바울이 어떻게 병영 안에서 자유롭게 그 젊은이를 만나볼 수 있었는지에 대해서 저자는 기술하지 않는다. 조카의 말을 들은 바울은 한 백인대장을 부르게 해서 조카를 천인대장에게 데려가 줄 것을 요청한다. 백인대장은 청년을 천인대장에게 데리고 가 바울의 말을 반복한다. "죄수 바울이 나를 불러 이 청년이 귀하께 드릴 말씀이 있다고 하면서 데려가기를 청하여 데려왔습니다."(행 23:18) 이 장면에서 바울이 처음으로 '죄수'라 지칭되고 있다. 그러나 이 단어로부터 바울의 감금 또는 억류 상황을 짐작할 수는 없다. 이어서 천인대장의 다소 의아스러울 정도의 친밀한 제스처가 다음과 같이 묘사된다. "청년의 손을 잡고 아무도 없는 데로 데리고 가서 '내게 전할 말이 무엇이냐?' 하고 물었다"는 것이다.(행 23:19) 누가는 마치 천인대장이 중대한 비밀 이야기인 줄을 이미 알고 있는 듯 행동하는 것으로 기술한다. 천인대장의 요구에 조카는 유대인의 음모에 관해 이야기하고(행 23:20-22) 다음과 같이 청원한다. "그러나 귀하는 그들의 청을 물리쳐야 합니다. 바울을 죽이기 전에는 먹지도 마시지도 않겠다고 맹세한 사람 40여 명이 지금 매복하고 바울을 기다

리고 있습니다. 그들은 준비를 다하고 당신의 승낙만 기다리고 있습니다."(행 23:21) 천인대장은 이 정보를 자신에게 제공했다는 말을 아무에게도 하지 말라고 당부하며 청년을 돌려보낸다.(행 23:22)

여기서 눈에 띄는 것은 천인대장이 아무런 의심 없이 청년의 이야기를 그대로 믿었다는 점이다. 또한 천인대장이 왜 그처럼 조심하고 있는가 하는 이유 역시 밝혀져 있지 않다. 물론 저자가 이미 익히 알며 전제로 하고 있는 바울 당시의 긴박한 사회상황이 그 같은 천인대장의 태도에 반영되어 있다고 말할 수 있지만 정밀하고 빈틈없는 묘사라고 하기는 어렵다.

유대인들의 매복 음모를 알게 된 천인대장은 두 명의 백인대장에게 바울을 밤에 호송대와 함께 가이사랴로 이송하라고 명령한다. 그의 명령은 다음과 같다. "오늘 밤 아홉시에 가이사랴로 출발할 수 있도록 보병 200명과 기병 70명과 창병(槍兵) 200명을 준비하라. 또 바울을 총독 벨릭스에게 안전하게 데리고 갈 수 있도록 그를 태울 짐승을 마련하라."(행 23:23-24) 이 구절에 언급되고 있는 동원된 군인들의 숫자는 주석자들을 당황시키기에 충분하다. 죄수가 중요한 인물임을 감안하더라도, 그리고 로마 시민을 유대인들의 음모로부터 지켜야 한다는 확고한 의지를 감안하더라도, 단 '한 명'의 죄수를 위한 호송대의 숫자로는 지나치게 많다. 본문에 따르면 이들의 숫자는 무려 470명에 달한다. 따라서 이 본문의 묘사는 저자의 지나친 과장법으로 이해함이 마땅할 것이다.

7. 천인대장의 편지: 사법보고서

천인대장은 총독에게 보내는 편지를 썼다고 한다.(행 23:25) 그는 바울을 가이사랴로 데리고 갈 임무를 맡은 백인대장에게 이 편지를 맡긴 듯하다. 이것은 바울 사건에 대한 일종의 사법적 보고서다. 말하자면 이전 단계에 있었던 피고인 심문에 관해 설명하는 편지라고 생각할 수 있다. 이 편지는 다음의 인사말로 시작된다. "글라우디오 루시아는 총독 벨릭스 각하께 문안합니다."(행 23:26) 여기서 처음으로 천인대장의 이름이 밝혀진다.

편지는 성전에서 있었던 일에서부터 바울을 해치려는 음모가 발견된 사실에 이르기까지의 사건 전말을 요약한다.(행

23:27-30) 여기서 27절에 나타난 명백한 오류 하나를 지적할 수 있다. "이 사람은 유대 사람들에게 붙잡혀 죽임을 당할 뻔했습니다. 그런데 나는 그가 로마 시민인 것을 알고 군대를 거느리고 가서 그를 구해냈습니다." 이 글은 사도행전 22장 24-29절과는 다르게 루시아가 바울이 로마 시민임을 알았기 때문에 사건에 개입했노라고 쓰고 있다. 이러한 오류의 원인이 무엇인가를 캐는 것은 무의미하다. 어쩌면 로마 군인들이 성전의 바깥뜰 일에 신속하게 개입한 사실을 정당화하기 위해 누가가 루시아의 편지 속에 이 구절을 끼워 넣지 않았을까 상상할 수는 있다.

루시아는 사건에 대한 자신의 의견을 밝히면서 바울에게 유리한 쪽으로 사건을 진술한다. "나는 그가 유대 사람의 율법 문제로 고소를 당했을 뿐, 사형을 당하거나 갇힐 만한 아무런 죄가 없다는 것을 알았습니다."(행 23:29) 루시아는 바울을 산헤드린 앞에 출두하게 한 결과, 이 사건이 로마의 사법권이 간여할 바가 아닌 유대 율법에 관련된 문제라는 사실을 발견했다고 기록한다. 마치 갈리오가 고린도에서 했던 것처럼(행 18:15), 루시아는 바울 사건이 토착민 법률의 소관 사항이라고 간주한다. 이러한 방법으로 로마 권력은 계속해서 바울의 무죄를 확인하고 있다. 누가는 이러한 루시아의 진술을 통해 바울 사건에 대한 정치적 혐의가 완전히 벗겨졌음을 강조하고 있는 것이다. 저자는 천인대장의 편지 글귀에서 바울에 대한 고소 내용 중에서 사형을 당하거나 갇힐 만한 아무런 죄도 발견하지 못했다는 관찰 결과를 덧붙이게 한다. 이리하여 바울 사건은 로마 장교의 붓 끝 아래서 신학논쟁이 그 중심 문제인 양 변화된다. 루시아의 평가는 로마 당국자가 내린 바울 사건에 대한 첫 번째 무죄 선언으로 간주할 수 있다.

마지막으로 루시아는 바울을 이송하게 된 동기에 대해 언급하는 것으로 자신의 편지를 마친다. "이 사람에 대한 음모가 있다는 정보를 듣고 나는 당장에 그를 각하께 보냅니다. 그리고 그를 고소하는 사람들에게도 각하 앞에서 그에 대하여 할 말을 하도록 지시해두었습니다."(행 23:30) 루시아가 바울을 총독에게 보내는 이유는 그를 해치려는 음모가 발각되었기 때문이다. 여기 제시된 바울의 '이송 동기'에는 설명할 부분이 있다. 왜냐하면 바울은 안토니아 요새에서도 안전했기 때문이다. 그를 죽이기로 맹세했다는 사람들이 요새로 들어와서까지 해칠 수는 없었을 것이다. 그리고 그처럼 바울 신변상 안전이 이유라면,

총독이 예루살렘에 오는 기회를 이용하여 바울 사건을 재판하는 것이 오히려 더 안전할 수도 있었을 것이다. 그러나 이송의 동기로 제시된 바울 살해의 음모가 없었다 하더라도 천인대장은 바울을 가이사랴로 이송해야 할 현실적 이유가 있었을 것이다. 왜냐하면 그는 바울 사건을 재판할 자격이 없었기 때문이다. 그에게는 바울을 놓아줄 권한도, 로마 시민을 산헤드린에 넘겨줄 권한도 없었다. 다만 총독이 예루살렘에 와서 바울을 재판하기를 기다릴 수 있을 뿐인데, 그것은 적절치 않다고 여겼을 것이다.

그 외에도 루시아는 매우 중요한 정보 하나를 추가한다. 그는 고소인들에게 총독 앞에서 고소를 제기하라고 권유했다는 것이다. 총독 앞에 직접 고소를 제기하게 함으로써 그는 두 당사자들을 로마 법정에 세운다. 결국 바울과 유대인들의 법정 앞 대결은 '루시아의 매개'에 의해서 가능하게 되었다는 말이 성립된다.

마침내 병사들은 수령된 명령에 의거하여 바울을 데리고 밤중에 '안디바드리'(Antipatris)란 곳으로 가게 된다. 예루살렘과 안디바드리 사이의 거리는 60여 킬로미터가 되는데, 이는 보병과 기병으로 구성된 부대가 하룻밤에 이동하기 어려운 거리일 것이나, 여하튼 저자에 따르면 이튿날 그곳에서 기병들에게 바울을 가이사랴까지 호송하도록 맡기고 군인들은 예루살렘의 요새로 돌아갔다고 한다.(행 23:32)

가이사랴에 도착하여 기병은 루시아의 편지를 총독에게 전하고 바울을 넘겨주게 된다.(행 23:33) 바울과 벨릭스의 처음 만남은 이렇게 이루어지게 된다. 벨릭스 앞에서 바울은 간단한 심문을 받는다. "총독은 편지를 읽고 나서 바울에게 어느 지방 출신인가를 물어보았다"(행 23:34)는 것이다. 피고인의 출신지에 대한 이러한 질문은 자연스러운 일이지만, 그렇다고 출신지로 사건을 이첩하려고 이 질문을 한 것은 아닐 것이다. 일반적으로 피고인은 거주지에서 재판을 받았다. 그러나 경우에 따라서는 범죄를 저지른 장소나 체포된 장소에서 재판을 받을 수도 있었다. 바울 사건에 대해서는 팔레스틴 현지에서 조사할 수밖에 없었을 것이다. 총독은 출신지에 대한 바울의 답변에 별반 관심을 기울이지 않는다.

바울이 길리기아 출신인 것을 알고 나서 벨릭스는 다음과 같이 말한다. "그대를 고소하는 사람들이 도착하거든 그대의 말을 들을 것이오."(행 23:35) 여기 '들을 것이다'라는 표현은 신약 성서에 단 한 번 이곳에만 등장하는 법률용어다. 이것은 공식적 재판에서 맨 처음 하게 되는 심문을 일컫는다. 재판이 적법한 것이 되려면 피고소인과 고소인이 재판관 즉 총독 벨릭스 앞에 출두하여 양측에게 '듣는' 청문(聽聞) 절차를 거쳐야 했을 것이다. 따라서 유대인들이 직접 소송을 제기하기를 기다려야 하는 것이다. 고소인들이 도착하기를 기다리는 동안 벨릭스는 바울을 헤롯의 영사(營舍)에 가두라고 명령한다.(행 23:35b) 이렇게 바울이 가이사랴로 이송됨으로써 그의 재판 현장은 '유대인 세계로부터 이방인의 무대로' 옮겨지게 된다. 그곳에서 바울은 규정에 의해 심문을 당하고 재판을 받게 된 것이다.

제2장

바울과
총독들

[1] 벨릭스 앞의 바울

1. 더둘로의 고소

앞에서 살펴봤듯이 예루살렘에서 체포된 바울은 가이사랴로 압송되어 총독 벨릭스 앞에서 간단한 문답을 나누게 된다. 그리고 바울은 다시 가이사랴에 머물던 벨릭스 앞에 출두하게 된다. 벨릭스 앞에 서는 바울에 대한 사도행전 서술은 대제사장 아나니아와 그와 동행한 예루살렘 유대인 대표단이 가이사랴에 도착한 시기를 밝히는 것으로 시작된다. "닷새 후에 대제사장 아나니아가 몇 사람의 장로와 더둘로라는 변호사를 데리고

내려와서······."(행 24:1a)

누가는 사건이 '닷새 후'에 벌어진 것으로 밝힌다. 여기 보고된 사건의 시간 흐름이나 연대기를 파악하기 위해서는 이 '닷새'라는 시간이 어떤 사건으로부터 시작한 것인가를 검토해야 하는데, 그 기점(起點)은 바울이 가이사랴에 도착한 이후로 보는 것이 적합하다. 왜냐하면 본문의 바로 앞에 기술된 사건을 바울의 가이사랴 도착과 벨릭스와의 첫 번째 만남을 꼽고 있기 때문이다.(행 23:33-35) 따라서 가이사랴에 도착한 닷새 후, 바울은 그의 고소인과 함께 벨릭스 앞에 서게 됐다는 것이다.

이번에 등장하는 바울의 고소인은 예루살렘에서 소란을 일으켰던 '아시아에서 온 무명의 유대인들'(행 21:27)이 아니라 대제사장이 이끄는 예루살렘의 유대인 기구 대표단이다. 이들 중에 '더둘로'란 이름의 '변호사'(레토르, rētōr)가 있었다고 한다. 누가는 대제사장과 더둘로라는 인물이 그곳에 등장하게 된 이유를 밝히지 않은 채, 이들의 존재를 통해 이 재판의 중요성을 강조한다. 바울 고소를 좀 더 효과적으로 추진하기 위해 전문 연설가의 도움을 받는 것이 좋다는 고려를 했을 수 있다. '변호사, 대변인, 수사학자'로 번역할 수 있는 '레토르'란, 그리스 수사학을 잘 아는 사람을 뜻한다. 따라서 본문의 '레토르'는 법률과 재판 그리고 법적 절차에 관한 수사학에 정통한 법정 연설가를 의미한다.

더둘로가 유대인인지 아니면 로마인 또는 그리스인인지 알 수는 없지만, 사도행전 24장 3, 4, 6절에서 그는 자신과 의뢰인을 가리켜 일인칭 복수인 '우리'로 부른다. 그런 지칭으로 보아서는 유대인일 가능성이 있다. 그러나 더둘로의 말 중 2절에는 '이 나라' 또 5절에는 '유대 사람들에게'라는 표현도 사용되고 있음은 유의할 대목이다. 이런 것들은 3, 4, 6절에 나타나는 '우리'라는 용어와는 달리 더둘로와 대표단을 구별하여 거리를 두는 표현이기 때문이다. 여기서 저자가 유대인들의 입장을 효과적으로 대변하게 하기 위해서 더둘로와 유대인들을 동일시하게 만들어 '우리'라는 말을 쓰게 한 것인지 아니면 2, 5절의 구별되는 표현 속에 그의 정체 해명의 실마리가 있는지는 분명하지 않다.

더둘로를 소개한 다음 저자의 이야기가 계속되는데, "(그들이) 바울을 걸어 총독에게 고소했다"(행 24:1b)고 한다. 이와 같이 누가는 총독 앞에서의 정식 고소가 이뤄짐으로써 바울에 대한 법적 절차가 공식적으로 시작됐음을 알린다. 이를테면 유대인들이 바울의 범죄 사실을 공식적으로 법정에 제소한 것이다. 실제로도 재판 절차는 여기서 유대인들이 행하듯이 고소인이 정식 제소를 함으로 시작된다.

"바울이 불려 나오자"(행 24:2a) 더둘로의 고소가 본격적으로 시작된다. 사도행전 24장 2-8절에 다소 길게 제시된 그의 고소는 다음의 네 부분으로 나뉜다. 1) 서언(序言): 2-4절, 2) 일반적 고소: 5절, 2) 구체적 고소: 6-7절, 4) 고소 내용에 관한 확인 요청: 8절.

누가는 더둘로의 서언을 과장이 가득한 아첨으로 시작하게 한다. 이것은 고대의 수사학 규칙에 따른 이른바 '호의(好意) 끌기'로 이해될 수 있는데, '말하는 이'와 '듣는 이' 사이에 우호적 분위기를 조성하기 위한 것이다. 연설자가 청중의 관심과 흥미를 끌기 위해 적극적 공감대를 형성하려 하는 것은 자연스러운 일이다. 그런 이유로 더둘로는 벨릭스에게 아첨을 쏟는다. "우리는 당신의 덕분으로 크게 평안을 누리고 있으며 이 나라는 당신의 선견(先見) 덕택으로 개선되고 있습니다."(행

24:2b) 이 말은 우리에게 알려진 그 시대의 현실과는 동떨어진 찬사다. 수사적 기교임을 감안하여 이 묘사 내용을 글자 그대로 따를 필요는 없을 것이지만, 현존하는 문헌정보로 판단할 때 벨릭스의 통치는 형편없는 것이었다. 역사가 타키투스의 기록에 따르면 벨릭스는 잔인하고 방탕한 사람이었다. "왕들이 죽거나 하찮은 존재로 전락하는 것을 본 클라디우스는 유대 지방을 로마의 기병(騎兵)이나 자유민들을 위한 영토로 내주었다. 이들 중 하나인 안토니우스 벨릭스(Antonius Felix)는 그지없이 잔인하고 변덕스러웠으며, 노예의 정신을 가지고 왕권을 행사했다."■ 벨릭스의 공적(公的) 활동에 관해서도 타키투스는 그가 마치 처벌당하지 않고 온갖 범죄를 저지를 권리를 가진 것으로 믿었다고 단언한다.■■ 실제로 그의 통치는 예루살렘 함락으로 끝나고 마는 유대인의 비극적 봉기(주후 66-70년)에서 중요한 전환점을 이룬다.

더둘로는 2절에서 '평안'이라는 단어와 '개선(改善)'이라는 용어를 사용하여 벨릭스 통치의 특징을 표현한다. 저자는 더

■ Tacite, *Histoires*, V, IX.
■■ Tacite, *Annales*, XII, 54.

둘로가 상대하는 로마의 재판관이 평화를 유지하고 행정적으로 훌륭한 일을 했다는 아첨에 만족할 것이라는 상황을 전제하고 법정 공간을 그린 것이다. 더욱이 이 두 단어는 같은 구절의 '선견(先見)'이라는 단어와 더불어 이런 유형의 법정 연설에 흔히 사용되던 전형적인 수사적 용어다. 그 점을 감안하면, 누가가 그럴듯한 법정 장면을 현실감 있게 그리기 위해 얼마나 노력했는지, 그리고 장면의 사실성을 돋보이게 하는 묘사 세부에 얼마나 관심을 기울였는지를 알 수 있다.

누가가 전하는 더둘로의 연설은 계속된다. "벨릭스 각하, 우리는 모든 면에서 그리고 어디서나 이것을 인정하며 온전히 감사하여 마지않습니다."(행 24:3) 여기서 '모든 면에서'와 '어디서나'라는 말은 2절의 '개혁이 발생하다'나, 3절의 '인정하다'에 연결될 수 있다. 다시 말해, '모든 일에, 어디에서나 이루어진 개혁'이라는 뜻이 될 수도 있고, '우리는 모든 일을 어디에서나 환영한다'는 의미로 새길 수도 있다는 뜻이다. 이 두 의미가 모두 가능하지만 두 번째 의미가 한층 강도 높은 아첨이라 할 수 있다. 오직 누가 저술에만 일곱 번 등장하는 '인정하다'라는 동사의 목적어가 명시되어 있지 않지만, 문맥상 자연스럽게 벨릭스의 공적(公的) 업적을 지칭하여 그것을 인정한다고 보아야 할 것이다.

여기서 환기해야 할 것은, 더둘로의 연설이 사도행전의 다른 연설들과 마찬가지로 저자의 창의적 서술 감각과 자유로운 저술 능력의 소산이라는 점이다. 저자가 상정하는 법정의 정황에 적합한 구도, 그리고 더둘로 발언의 흐름과 내용에 관한 치밀한 고려에 입각해서 이러한 인용문이 작성되었을 것이다. 이 글 속에 실제 바울 재판의 초기과정에서 발생했던 '역사적 상황'이 반영되었다 해도, 그것은 더둘로라는 인물의 발언 전문(全文)을 옮겨놓았다거나 연설의 오롯한 요약이라 말하기는 어려울 것이다. 하지만 적어도 연설을 간결하고 요령 있게 구성할 줄 아는 누가의 문예적 터치는 재판 분위기를 좀 더 분명하고 생생하게 파악하게 하는 솜씨를 보인다. 특히 서언 부분(2-4절)은 법정 상황의 경직된 분위기를 느낄 수 있게 하는 문체의 형식미를 엿보게 한다. 아울러 재판에 참석한 변호사의 태도를 느끼게 해주는 또 다른 수사적 표현이 있는데, "이제 당신을 너무 오래 괴롭히지 않기 위하여 간단히 말씀드리겠습니다"(행 24:4)라는 대목이 전형적이다. 이 표현은 재판에서의 화제 전환을 지시하는 뜻도 물론 실려 있지만, 저자가 기록하는 재판장면 묘사의 장황함을 피하기 위한 교묘한 전환의 뜻이 담긴 말이다. 요점으로 가기 위해 더둘로는 '괴롭히다'라는 단어를 사용하며 총독의 주의를 환기시킨다는 것, 즉 더둘로는 총독을 괴롭히지 않기 위해 곧바로 사건의 주제로 들어가겠다는 것이다. 그리고 그는 벨릭스에게 소송에 대한 간단한 진술을 들어달라고 간청한다. 서언은 이렇게 끝나고 이제 변호사는 바울을 본격적으로 고소하는 마당을 펼친다.

그의 고소는 두 가지 측면에서 이루어진다. 더둘로는 먼저 바울이 온 세계에 있는 유대 민족 사이에 혼란을 야기했다는 일반적 내용으로 그를 고소한다. 그리고 이어서 좀 더 구체적, 개별적으로 그가 성전을 더럽히려 했다고 고소한다. 이 두 가지 측면의 고소는 앞서 사도행전 21장 28절에 실린 묘사 내용과 대개 일치한다.

"우리가 보니 이 사람은 염병(染病)이요(염병 같은 자요), 온 천하에 있는 모든 유대 사람에게 소요를 유발시키는 자요, 나사렛당의 괴수입니다."(행 24:5) 이같이 첫 번째의 총괄적이며 주된 고소원인 항목에서 더둘로는 바울을 '염병(페스트)', 즉 단어 자체가 설명하듯이 페스트 같이 해롭고 위험한 자라고 규정한다. 그러나 여기서 '소요를 유발하다'란 표현과 함께 사용된 더둘로의 이 용어는 총독의 뇌리 속에 바울이 종교사범(宗教事犯)이 아니라 정치사범이라는 인상을 심어주는 역할을 한다. 더둘로는 피고소인에게서 전체 제국의 유대인 공동체를 뒤흔드는 선동가의 모습을 발견하도록 벨릭스를 유인한다. 공공질서를 문란케 하는 범죄인이라는 것이다. 이런 표현을 통해 더둘로는 바울이 제국 사회의 일부를 형성하는 유대인 세계의 질서를 문란케 함으로써 제국 권력이 항시 염원하는 '로마의 평화(Pax Romana)'를 혼란에 빠트린다고 말하려는 것이다. 이것은 그 근거가 사실로 입증될 경우 엄중한 판결을 초래하게 될 매우 심각한 고소 내용이다. 사실 사도행전 기록에 따르면 이 고소는 역사적 근거를 가지고 있다고도 볼 수 있다. 고의는 아니었다 할지라도 바울은 가는 곳마다 유대인 사회에 '소요'를 야기한 것으로 나타나고 있기 때문이다.

또한 더둘로는 바울을 '나사렛당의 괴수'라고 표현한다. 신약에서 단 한 번 여기서 기독교인들이 '당(黨) 또는 분파'라고 지칭되는데, 그렇게 불리는 원인과 그 정확한 의미는 밝혀지지 않는다. 기독교인들에게 이 명칭을 부여한 것은 유대인들일 것이며, 기독교인들이 스스로를 이러한 명칭으로 부르지 않았을 것으로 미루어볼 때, 이 명칭에는 명백히 경멸의 뜻이 담겨 있다. 그러나 왜 이 명칭이 부정적 의미를 내포하게 되었는지에 대해서는 알지 못한다. 아마도 기독교인들을 나사렛당이라고 진술함으로써 더둘로는 이들이 공식적 유대교와는 관련이 없음을 표현하고자 한 듯하다. 본문의 고소 분위기로 보아서도 이 말은 경멸하는 의미로 사용되었을 것이다.

고소의 두 번째 측면은 바울의 체포를 야기한 최근의 구체적 사건과 관련된다. 성전을 더럽히려 했다는 것이다("그는 성전을 더럽히려고까지 했으므로" - 행 24:6a). 더둘로는 사건을 이미 '이루어진' 어떤 객관적 사실로 제시하는 것이 아니라 성전을 더럽히려는 바울의 '의도'를 문제 삼고 있다.

저자가 이렇게 더둘로로 하여금 바울이 가졌던 성전 모독의 의도에 대해 말하도록 하는 것은, 당시 상황을 다시 증명해 보일 수 없는 현실적 이유를 고려했기 때문일 수 있다. 그러나 달리 보면 더둘로가 유대인을 옹호하면서 유대인들이 때 맞춰 개입함으로 성전 모독 행위가 미연에 방지될 수 있었다는 측면도 감안할 수 있다. 만일 유대인들이 바울의 성전 모독 관련 범죄 사실을 벨릭스에게 확신시켜줄 수 있다면, 총독은 바울 재판을 '유대 법정'에 넘겨줄 수 있다. 왜냐하면 그것은 산헤드린의 재판 관할사항에 속하는 '특별 범죄'일 것이기 때문이다. 따라서 모독하려는 '의도'를 언급하게 된 동기는 성전에서 바울을 체포한 행위를 정당화하고, 산헤드린이 예루살렘에서 그를 재판할 권리가 있음을 주장하기 위한 구실을 제공하는 데 있었을 것으로 이해된다.

더둘로의 발언은 "우리는 그를 체포했습니다"(행 24:6b)라는 표현으로 이어진다. 유대인들에게 불리하게 적용될 체포 당시의 폭력적 상황에 대해서는 한 마디 언급도 없이 더둘로는, 매우 단순화시킨 사실 즉 체포 행위 자체만을 합법적 과정이었던 것처럼 말한다.

마침내 더둘로는 총독 벨릭스에게 이 사건에 대해 자세히 조사해볼 것과 고소의 정당성을 확인해볼 것을 요청하며 연설을 마무리 짓는다. "당신이 친히 그를 심문해보시면 우리가 그를 고소하는 이유를 아시게 될 것입니다."(행 24:8) 벨릭스에게 용의자를 심문해보라는 요청은 이 재판에서 총독의 역할이 매우 중요하며 능동적이라는 사실을 강조한다. 달리 말해 여기서 따르고 있는 소송 절차는 배심원이 고소와 변론 사이의 논쟁 앞에서 이를테면 '더 나은 평가점수를 주는 것'과 같은 형태로 '수동적으로' 재판에 참여하는 고소 절차와는 다르다. 여기서 문제되는 소송 절차는 진실을 찾기 위해 직접 조사를 할 권한을 가진 총독이 친히 관장하고 참여하는 소위 '코그니티오(cognitio)'라고 규정되는 '직접심문재판'이다.

저자는 8절에서 끝난 더둘로의 고소 내용에 곧이어 신문(訊問)에 참석하고 있던 유대인 대표단이 이 모든 말이 사실이라고 확언하며 변호사 발언에 합세하여 그를 지지했다고 기록하고 있다.(행 24:9) 이렇게 예루살렘에서 온 유대인들은 '증인'의 신분이 되어 변호사의 고소 내용이 사실이라 확증했다는 것이다.

2. 바울의 자기 변론

이제 누가의 기록에서 더둘로의 연설이 끝나고 바울이 발언할 차례가 되었다. 그의 발언은 자신을 변호하여 무죄를 호소하려는 자기 방어로 이뤄진다. 더둘로가 그랬듯이 바울도 매우 간결한 '호의 끌기'로 연설을 시작하면서 더둘로의 이중(二重)적 고소 내용에 답변한다. 먼저 바울은 성전에서나 군중 속에서 그리고 회당에서나 성내에서 혼란을 야기한 일이 결코 없다고 말한다. 또한 그는 절대로 성전을 더럽힌 적이 없다고 확언하며 스스로를 변호한다.

"그때에 총독이 머리를 끄덕이며 바울에게 말을 하도록 했습니다."(행 24:10a) 마치 군왕과 같은 풍모로 권력자 벨릭스는 아무 말도 하지 않는다. 다만 피고에게 머리를 움직여 신호하는 위압적 몸짓을 보인다. 요한복음 13장 24절을 제외하면 '머리를 (끄덕여) 신호를 하다'라는 단어는 신약 전체 중 오직 여기서만 사용된다. 하지만 누가의 저술에는 몸짓 신호를 하는 행위가 종종 언급된다.(눅 1:22, 62, 5:7; 행 13:16, 21:40, 26:1) 이것은 고대 저술가가 등장인물의 연설을 도입하기 위해 흔히 사용하던 상투적 표현이었던 듯하다.

바울은 다음 같이 연설을 시작한다. "당신께서 여러 해 동안 이 나라의 재판장으로 계신 것을 제가 알기 때문에 저는 기쁜 마음으로 저와 관련된 사실을 변명하겠습니다."(행 24:10b) 얼핏 보면 이 연설에는 서언이 없는 것처럼 보인다. 그러나 저자와 같이 그리스의 수사학에 일정한 조예를 갖고 있는 사람이 자기 작품 중 이 부분의 주인공인 바울이 수사학의 관습을 무시하도록 할 리는 없다. 다만 바울의 서언은 더둘로의 서언보다 덜 과장되어 나타났을 뿐이다. 바울은 여기서 벨릭스가 여러 해 전부터 유대 민족의 재판장 역할을 수행하고 있음을 인정한다. 바울은 이러한 벨릭스의 '여러 해 전부터의' 경험으로 인해 그가 유대 상황에 대해 정통하리라고 믿는 것처럼 묘사되어 있다. 실제로 벨릭스는 아그립바 1세 왕의 막내딸인 드루실라와 결혼했으므로 유대인의 율법과 관습을 잘 알 수 있었을 것이다. 바울은 그렇기 때문에 총독의 유대 사회에 대한 이해도에 신뢰심을 갖고 그 앞에서 자신을 '변호'하겠노라는 말을 하게 됐을 것이다. 말하자면 이 정중한 짧은 서언을 통해 바울은 벨릭스의 공정함을 기대한다고 암시하는 것이다. 여기서 바울은 '변호하다'라는 동사를 사용하는데, 이것은 이 구절이 갖는 법정적 상황을 감안할 때 8절에서 더둘로에게 적용했던 '고소하다'라는 동사와 맞물려 서로 '고소하고, 변호한다'는 뜻에서 정확하게 상응하는 대구가 된다.

이러한 머리말에 이어 바울은 더둘로의 고소에 대한 반박으로 발언을 이어간다. 바울은 먼저 자신을 선동가라고 하는 주장에 대해 단호하게 부인한다. "내가 예루살렘에 예배하러 올라온 지 열이틀밖에 되지 않았다는 것은 당신께서 아실 수 있습니다."(행 24:11) 바울은 더둘로가 문제 삼은 이방에서의 자신의 행위에 대하여 언급하는 것을 삼가면서, 곧바로 예루살렘에서 있었던 최근 사건을 정확한 날짜를 밝히며 거론한다. '당신께서 아실 수 있습니다'라는 말은 사건이 최근에 일어났기 때문에 무슨 일이 있었는지 총독이 직접 확인할 수 있으리라는 뜻을 가진 자기변호의 한 방식이다. 또 바울의 이 발언에는 다음과 같은 일종의 신랄한 아이러니도 담겨 있다. 즉 바울은 더둘로가 총독 앞에서 '아시게 될 것입니다'(행 24:8)라고 표현했던 것을 상기하고, 그 역시 같은 표현인 '아실 수 있습니다'라는 말로 되받아 반박하고 있다는 것이다. 어쩌면 더둘로의 악의적 발언에 응수하여 그의 표현을 빌려서 받아치는 바울의 냉소적 대응을 이 구절에서 읽을 수 있는 듯하다.

그런데 여기 '올라온 지 열이틀밖에 되지 않았다'라는 바울의 언급은 일종의 연대기적 문제를 제기한다. 즉 이 말 중 '열이틀'이라는 표현이 앞에 기술되었던 저자의 사건 묘사와 일치하지 않는 부분이 있다는 뜻이다. 사도행전 서술을 되짚어 보면, 바울이 예루살렘에 도착한 뒤의 사건 순서를 다음과 같이 구성할 수 있다. 첫째 날, 바울은 예루살렘에 입성한다.(행 21:17) 둘째 날, 바울이 야고보를 방문한다.(행 21:18) 셋째 날, 바울은 야고보의 충고에 따라 나실인의 의식을 시작한다.(행 21:26) 이레가 끝나갈 무렵(행 21:27), 즉 아흐레가 되기 하루나 이틀 전 날 소동이 일어난다. 그 다음 날 그러니까 여덟째 날, 바울은 산헤드린 앞에 선다.(행 22:30) 그 다음 날, 곧 아홉째 날, 유대인들이 그를 죽이기로 공모한다.(행 23:12) 아홉째 날과 열째 날 사이의 밤에 바울은 안디바드리로 호송되어간다.(행 23:31) 약 60킬로미터가 되는 안디바드리와 예루살렘 사이의 거리로 볼 때, 도착한 당일에 약 40킬로미터가 되는 두 번째 여정에 나섰으리라고는 생각하기 어렵다. 그러므로 가이사랴에 도착한 것은 열하루째가 되는 날이다. 닷새 뒤에 바울은 벨릭스 앞에 출두한다. 따라서 이날은 바울이 예루살렘에 도착한 이래 열다섯 번째가 되는 날이다.

이렇게 바울의 연설에 언급된 날짜와 앞선 서술을 통해 산술적으로 추계(推計)한 날짜 사이에 상호 불일치가 드러난다. 이 문제를 해결하기 위해 날수를 열이틀로 줄여 맞추기 위한 다양한 방법을 제안할 수도 있고, 이 착오를 작가의 서술상의 실수 탓으로 돌릴 수도 있다. 그러나 이런 차이가 저자의 날짜에 대한 무신경에 기인한 것으로 보기보다는, 저자가 어쩌면 바울이 예루살렘에서 지낸 '체류 날짜'만을 염두에 두고 그런 기록을 남겼을 수 있으리라 여기는 것이 온당할 듯하다. 이러한 복잡한 작품을 저술하고 있는 저자가 그러한 사소한 날짜 계산에 주의를 기울이지 않았을 리는 없을 것이기 때문이다. 바울의 이 말이 반란죄에 대한 변론의 한 부분임을 생각할 때, 그는 다음과 같은 요지의 말을 하고자 했을 것이다: '내가 예루살렘에 있었던 것은 겨우 열이틀밖에 되지 않습니다. 이렇게 짧은 체재 기간 중에 어떻게 민중을 선동할 수 있었겠습니까? 게다가 나는 반란을 일으키기 위해 예루살렘에 간 것이 아니라 성전에서 하나님을 경배하기 위함 때문이었습니다.' 상경 동기에 대한 이러한 언급은 상경의 이유를 밝히는 측면이 있을 뿐 아니라 반란, 성전 모독 그리고 도당(徒黨) 연루 등 몇 개의 혐의를 한꺼번에 반박하는 역할을 한다.

바울은 더둘로가 사용했던 '소요'라는 어휘를 받아서(5절의 '소요'와 상응하는 12절의 '소동') 자신은 예루살렘에서 선동가로 행동하지 않았다고 진술한다. "그리고 성전에서 내가 누구와 변론을 하거나, 회당에서 또는 성중(城中)에서 군중을 소동케 하는 것을 아무도 보지 못했습니다"(행 24:12)라고 더둘로의 고소를 강하게 반박한 후, 바울은 13절에서 고소인들이 고소 내용을 뒷받침할 만한 어떤 증거도 제시할 수 없다고 덧붙인다. "지금 그들은 나를 고소하는 사실에 대하여 당신께 보여드릴 아무 증거도 없습니다."(행 24:13) 이같이 바울은 구체적 증거나 증인이 없는 변호사의 고소는 법적 근거를 결여하고 있다고 지적하는 것이다. 동시에 바울은 증거가 제시될 때까지는 자신이 무죄한 사람으로 취급되어야 한다는 권리를 주장하고 있다는 암시를 하는지 모른다. 즉 바울은 유죄가 입증되지 않으면 무죄라는 기본적 사법의 원칙을 내세우고 있다는 것이다.

그러나 바울은 예루살렘에서 있었던 사건에 대한 고소를 일일이 열거하여 전체적으로 부인하면서도 온 세계의 유대인 사회를 소란케 했다는 고소에 관해서는 의도적으로 침묵하고 있는 듯하다. 누가의 판단에 따르면, 지나간 바울 선교행적의 성격상 그런 소란으로 간주될 내용이 실제 있었다고 짐작하여 그 부분을 묵살케 했을 수 있다.

이어서 14, 15절에서 바울은 종교적 차원에서 자신의 기독교 신앙에 대해 설명한다. 그는 자신의 신앙이 유대인들의 전통적 종교의 연장선상에 있다고 진술한다. 이것은 바울을 '나사렛당의 괴수'라고 규정한 더둘로의 고소(행 24:5)에 대한 대응이 된다. "그러나 나는 당신 앞에서 이것만은 인정합니다. 나는 그들이 이단이라고 하는 그 도(道, 길)를 따라 우리 조상의 하나님을 섬기고 율법과 예언서에 기록되어 있는 모든 것을 믿습니다." (행 24:14) 바울은 반대편이 멸시하는 투로 사용한 어휘인 '당(徒黨)'을 따른다는 사실을 당당하게 인정한다. 그는 고의적으로 '당'이라는 어휘를 '길(道)'로 바꿔 놓는다.(행 9:2, 19:9, 23, 22:4, 24:22) '길'이라는 새로운 개념을 사용함으로써, 바울은 기독교 신앙의 독특성을 강조함과 동시에 기독교와 유대교 사이에 존재하는 연속성을 아울러 강조한다. 바울은 유대 민족 조상들의 하나님을 섬긴다는 것이다. 따라서 그가 전통적 유대교의 내부에 스스로를 위치시킨다는 뜻이 된다. 그러나 그의 섬김은 반대편에서는 도당이라고 부르는 '길'을 따르는 것이다. 이것은 삶을 사는 새로운 방식이고 신앙과 행동의 새로운 형태이며, 하나님에게로 인도하는 '새로운 길'이라는 이해가 깔려 있다. 이것은 전통적 종교와의 '분리' 즉 '분파, 도당'이 아니다. 바울은 '길'이라는 말에 새로운 의미를 더함으로써, 기독교가 진정한 유대교 또는 유대 종교의 완성이라는 뜻의 '참길'이라는 말을 하려 했는지 모른다.

자신의 믿음이 유대인들의 믿음과 다르지 않다는 사실을 바울은 다음의 표현을 통해 다시 강조한다. "율법과 예언서에 기록되어 있는 모든 것을 믿습니다." 바울은 여기서 '율법과 예언서'를 유대 신앙의 근거가 되는 두 가지 방식의 계시로 인정한다. 성서에 대한 그의 생각은 율법학자들 즉 바리새인들의 견해와 다르지 않다. 따라서 바울은 바리새인들과 마찬가지로 죽은 사람들의 부활을 믿는다. 그 부활에 대한 이야기를 하려고 저자는 바울로 하여금 '희망'으로부터 그에 대한 말을 시작하도록 한다.

바울은 하나님께 희망을 두고 있다고 하면서 덧붙이기를, "바로 그들(나를 고소하는 이들)도 이 희망을 가지고 있습니다. 그 희망은 의로운 사람이나 불의한 사람이 모두 부활한다는 것입니다"

라고 말한다.(행 24:15) 바울은 그렇게 부활의 희망에 대한 신학적 문제의 본질을 건드린다. 아마 이쯤에서 사람들은 바울이 기독교 신앙과 관련하여 예수에 대한 메시아적 약속이라는 미묘하면서도 특별한 신학적 주제를 언급할 것이라 기대할 수도 있을 것이다. 그러나 바울은 신학적 논의를 심화시키는 대신에 부활에의 믿음이라는 좀 더 일반적 주제를 다시 거론한다. 저자는 사건의 무대가 신학 토론장이 아니라 이방인 총독이 재판장으로 군림한 법정임을 잘 알고 있다는 뜻이다. 그 총독을 고려하여 논쟁적 주제를 피하게 만든다.

바울은 '바로 그들(자기를 고소하는 이들)도'라고 말하며, 법정에 나타나 공방을 펼치는 사람들, 즉 바울과 그의 고소인들 모두가 부활의 희망을 공유하고 있음을 강조한다. 바울의 시대에 이 희망이 어느 정도까지 퍼져 있었는지에 대해 물음을 가질 수 있다. 적어도 누가가 이 책을 저술한 주후 80년대 당시, 즉 예루살렘이 파괴된 후에는 부활이라는 개념이 비교적 널리 퍼져 있었다고 추정된다. 부활신앙이 이스라엘에서 처음으로 증언된 것은 신명기 12장 1-3절에 나오는 것으로 주전 2세기일 터인데, 제사장 계급과 사두개파 사람들은 이를 부인했다. 주후 70년경 성전이 함락되면서 제사장 계급은 영향력을 완전히 상실하고 바리새파가 유대 민족의 종교생활을 지배하게 되면서, 유대 민족은 바리새파의 이해에 입각한 부활의 희망을 공유하게 된다. 이런 의미에서, 바울의 이 발언에 반영된 저자가 살던 시대의 흔적을 볼 수 있다.

저자가 제시하는 연설의 흐름을 따를 때, 부활의 희망에 대한 일반적 언급을 한 다음에는 예수의 부활에 관한 이야기가 뒤따라야 했을 것이다. 사실 누가는 다른 곳에서 예수에 대한 설교와 부활에 관한 설교를 연결시키고 있다.(행 4:2, 17:18. Cf. 행 23:6, 26:8) 그러나 저자는 바울 자신을 정당화해야 하는 필요성 때문에 부활의 희망이 가져온 실제적 결과에 대해 논하는 것으로 서술을 전개해간다. 이를테면 부활과 심판에 대한 희망을 간직하고 있기 때문에, "그래서 나도 언제나 하나님과 사람들 앞에서 거리낌 없는 양심을 가지려고 스스로 노력하고 있습니다"(행 24:16)라고 말하며 바울은 조심스럽게 성전 모독에 대한 변론을 준비한다. 바울은 언제나 '거리낌 없는 양심'을 가지려 힘쓰고 있다 하면서, 예루살렘 순례여행에 대해 그리고 가지고 온 구제금에 대해 설명을 시작한다.

바울은 예루살렘에 온 이유, 그리고 성전에 간 이유를 밝힌다. "나는 여러 해 만에 내 민족에게 전달할 구제금과 하나님께 바칠 제물을 가지고 고국에 돌아왔습니다."(행 24:17) 예루살렘 방문의 동기를 이처럼 해명함으로, 바울은 성전을 더럽히고 소요를 일으켰다는 고소를 반박하는 것이다. 예루살렘에 온 것은 동족에게 구제금을 전달하기 위해서였다는 것이다. 이것은 바울과 유대 민족과의 온전한 연대의식을 증명해주는 증거다. 그리고 이것은 '양심에 거리낌 없이' 수행한 행위다. 조국에 대해 이러한 충성과 신의를 보이는 사람을 어떻게 고소할 수 있는가? 자신이 유대 민족의 일원임을 이렇게 공표하고 있는데 무엇을 비난하려 하는가? 이러한 것들이 누가가 바울의 말 속에 함축시킨 질문들이다.

바울의 연설은 계속된다. "그러는 가운데(즉 제물을 드리며 예배하는 가운데) 그들은 내가 성전 안에서 성결예식을 행하는 것을 본 것뿐이요, 나와 함께 군중이 모인 일도 없었고 소동한 일도 없었습니다."(행 24:18) '그러는 가운데'란 표현은 앞 구절의 '제물'과 연관된다. 그러니까 바울이 나실인들과 함께 제물을 바치고 있을 때, 유대인들이 정결예식(潔禮)을 행하는 그를 성전에서 보았다는 것이다. 그런 경건 행위를 고려한다면, 바울이 작당을 한다거나 소동을 일으켰을 리가 없다는 암시가 담겨 있는 말이다. 누가는 여기서 상황의 아이러니를 강조한다. 즉 바울이 불경죄를 범했다는 고소를 당한 것은 정결예식에 대한 규칙을 지킴으로써 유대교와 유대의 종교적 관습에 대한 신실성을 보여주었기 때문이라는 이율배반적 상황을 보여준다는 것이다. 유대교에의 경모(敬慕) 행위가 오히려 불경죄로 이해되는 아이러니를 뜻한다.

19절에서 바울은 고소인들을 당황하게 할 논거를 제시한다. 현장을 목격한 증인을 요구한 것이다. 이 모든 사건의 시발점은 아시아에서 온 유대인들이므로 그들이 와서 바울을 고소해야 한다는 것이다. "몇몇 사람들이 있었다면 그들은 아시아에서 온 유대 사람들이었습니다. 그러니 내게 대하여 고소할 일이 있다면 당신 앞에서 그들이 직접 (고소)했어야 할 것입니다."(행 24:19) 그때의 그 증인들이 직접 출두해야 한다. 오직 그들만이 고소할 자격이 있다. 고소할 만한 정당한 이유가 있다면 말이다. 여기서 바울이 언급한 '증인의 부재'는 로마인들의 사법적 관습을 상기하게 하는데, 그것은 소송 당사자의 대질에 관한 것이다. 피고인은 고소인들과 직접 대면, 대질되어야 한다. 고소인들과의 대질은 피고인의 권리로 이해돼야 한다. 재판관은 피고인이 고소인들을 면대할 수 있도록 해주어야 한다. 이것은 피고인을 위한 법적 보호장치다. 피고가 고소인으로부터 직접 고소 내용을 듣지 못할 경우, 판결의 유효성은 상실될 수밖에 없다.

바울을 고발한 원래의 법적 고소인들이 그 자리에 참석치 않았으므로, 바울은 거기 나와 있는 사람들을 향해 발언한다. 그곳에 임석한 유대인들은 바울이 산헤드린 앞에 끌려갔을 때 그에게서 어떤 잘못을 발견했는지 밝혀야 한다는 것이다. "그렇지 않으면 내가 산헤드린 앞에 섰을 때 이 사람들이 내게서 무슨 잘못을 찾아냈는지 말해보라고 하십시오."(행 24:20) 다시 한 번 바울은 고소 사실을 증명하기 위한 증거를 제시해야 할 증인들의 부재를 언급하며, 고소의 법적 근거가 부실한 것을 강조한다.

마지막으로 바울은 다음의 발언으로 자신의 변론을 마친다. "나는 오직 그들 가운데 서서 '내가 오늘 여러분들에게 재판을 받고 있는 것은 죽은 자의 부활에 대한 문제 때문입니다'라는 단 한 마디 말을 외쳤을 뿐입니다."(행 24:21) 바울은 사도행전 23장 6-9절의 논쟁을 연상하게 하는 '부활'이라는 주제를 다시 거론한다. 유대 민족 고유의 순전한 신학적 주제로 다시 돌아가면서 바울은 의도적으로 로마 사법 당국과 아무 관련이 없는 종교적 논쟁의 테두리 안에 자신의 변론을 국한한다. 바울은 자신의 사건이 유대 종교의 내부 갈등으로 비춰지기를 바라는 듯하다. 이러한 이유로 바울은 자신의 개인적 경우만을 변론의 주제로 삼고, 더둘로가 사도행전 24장 5절에서 언급한 유대인 사회의 소요에 대해서는 분명한 설명을 삼간다. 같은 이유로 그는 나사렛 도당의 괴수라는 말에 대해서도 명백한 답변을 하지 않는다.

이렇게 바울의 변론은 끝을 맺는다. 바울의 자기 변론을 들은 벨릭스는 단번에 재판을 종결하지 않고, 재판을 연기한다. "벨릭스가 그 도(道)에 관한 일을 자세히 알고 있었기 때문에 '천인대장 루시아가 내려오면 당신들 사건을 처리하도록 하겠소'라고 말하고 심문을 연기했다."(행 24:22) 이것은 벨릭스 앞의 바울과 유대인 고발자 모두를 향한 말이다.

여기서 재판의 연기를 설명하기 위해, 저자는 일종의 해설

자를 본문에 등장시켜("벨릭스가 그 도에 관한 일을 자세히 알고 있었기 때문에⋯⋯"), 벨릭스의 기독교에 대한 지식을 언급하게 만든다. 벨릭스가 실제로 본문 묘사대로 기독교에 대한 자세한 정보를 갖고 알고 있었는지는 알 수 없다. 벨릭스는 "백부장에게 명하여 바울을 지키되 그에게 자유를 주고 친지들이 돌보아 주는 것을 막지 말라고 했다."(행 24:23) 이리하여 바울은 억류 상태에 처하게 되는데, 그 억류의 조건이 매우 유연했던 것으로 본문은 전한다. 바울에게 자유와 보살핌을 허락했기 때문이다.

사실 벨릭스는 이 단계에서 사건을 종결지어야 했다. 고소인들이 제기한 문제에 관해 현 상태에서 어떤 형태든 판결을 해주어야 했다는 뜻이다. 그리고 고소의 근거가 확실하다는 점을 인정했다면 재판 관할문제를 결정했어야 했다. 즉 이 사건 판정을 유대인 당국이 결정할 문제인가, 아니면 로마 당국의 소관사항인가라는 문제 등에 대해 결정을 내려야 했다. 그러나 이런 문제들에 관해서 아무런 결정도 내리지 않은 채 벨릭스는 바울을 계속하여 잡아두고 억류하게 한다. 총독이 여기서 재판을 연기한 까닭에 대해 의문을 제기할 수 있다. 벨릭스의 말(22절)에 따르면, 연기 동기는 좀 더 판결에 신중을 기하기 위해서 그리고 사법상의 용의주도함을 기하기 위해서 루시아의 증언을 기다리려는 데 있다고 한다. 그러나 공평과 신중함을 보장하고자 한다는 이러한 구실은 벨릭스가 바울이 돈을 줄 것을 바랐다는 사도행전 24장 26절의 설명과는 일치하지 않는다. 그리고 만일 벨릭스가 기독교에 대해 정통해 있었다면, 루시아를 기다리지 않고도 사건에 관해 토의할 수 있었을 것이다. 게다가 바울에게 어느 정도 '자유'를 주라는 말이나 친지들이 그를 보살펴주는 것을 막지 말라고 발언한 사실을 바울이 무죄라는 판단을 하고 있는 표시라고 본다면 벨릭스는 바울을 놓아주었어야 했다. 따라서 벨릭스가 재판을 연기한 데에는 나름대로의 이해타산이 개입됐을 것이라는 짐작이 전혀 터무니없는 것은 아니다. 벨릭스가 바울에게 놓여나려면 돈을 줄 것을 바라며 구금상태에 놓아두었을 수 있다는 것이다.

3. 바울과 벨릭스 부부

누가는 총독 벨릭스와 그의 아내 드루실라가 바울에 대한 관심을 보였다고 전한다. "며칠 후 벨릭스가 유대 여인인 자기 아내 드루실라와 함께 와서 바울을 불러내어 그리스도 예수를 믿는 믿음에 관하여 들었다."(행 24:24) 저자는 로마인 벨릭스의 아내가 유대 사람임을 명시적으로 밝힌다.

벨릭스는 왕가의 여인 세 명과 결혼한 적이 있는데, 그들 중 둘이 알려져 있다. 첫째는 마르쿠스 안토니우스와 클레오파트라의 손녀였으므로, 벨릭스는 안토니우스의 손녀사위가 되는 셈이다. 셋째 부인이 여기에 등장하는 드루실라로, 아그립바 1세와 아그립바 2세 누이의 딸이다. 그녀는 콤마게네의 왕인 안티오쿠스 에피파네스 4세의 아들인 안티오쿠스 에피파네스와 약혼한 사이였다. 그러나 에피파네스가 할례를 거부했으므로 결혼은 이뤄지지 않았다. 얼마 뒤 주후 52년에 그녀는 열네 살에 에메사의 왕인 아지주스와 결혼했다. 결혼 후, 드루실라의 아름다움에 반한 벨릭스는 구부로 섬 마술사의 도움을 받아 자신과 결혼하도록 이 여자를 설득한다. 그녀는 유대 여자가 이방인과 결혼하는 것을 금하는 율법에도 불구하고 남편을 버리고 벨릭스와 결혼하게 된다. 이 부도덕한 결혼은 결국 유대인들의 기억 속에 깊은 흔적을 남긴다.

누가의 서술에 따르면 벨릭스가 바울을 데려오게 하여 예수 그리스도를 믿는 신앙에 대한 이야기를 들었다고 하는데 (행 24:24b), 그의 결혼에 얽힌 파렴치함을 기억한다면 그가 기독교 또는 유대 종교와 같은 것에 관심을 보인다는 사실이 어쩐지 자연스러워 보이지 않는다. 지적인 호기심이 그로 하여금 바울과 대화를 나누게 했다 할지라도 이 만남 이후 그의 행동은 이해하기 어렵다. "바울이 정의와 절제와 장차 올 심판에 관한 문제를 이야기할 때 벨릭스는 두려운 생각이 나서 '이제 그만하고 가보시오. 또 기회가 있으면 당신을 부르겠소'라고 말했다" (행 24:25)는 것이다. 바울이 '정의와 절제(자기극복)와 심판'에 대해 이야기하자, 벨릭스는 두려워하며 대화를 중단하게 했다고 한다. 인간적 정의의 법칙을 모두 어긴 사람이, 파렴치한 계교를 꾸며 유부녀를 남편으로부터 빼앗은 사람이, 바울의 단순한 몇 마디 말에 겁먹을 수 있을까? 물론 인간 정신의 변화와 그 향방이란 헤아리기 어려운 것이어서 그런 주제들에 대해 어느 낯선 사람이 거론한다는 사실이 이 부도덕한 로마인 권력자를 거북하게 했을 가능성을 완전히 배제할 수는 없다. 그러나 타키투스 등의 역사가가 전하는 벨릭스의 모습을, 그처럼 진지하고 다소곳한 사도행전 속의 인물과 일치시켜 고려한다는 것은 쉽지 않은 일이다. 그러므로 이 부분 묘사에서 저자의 적극적인 개입과 서술의 자율성을 상정해야 할 것이다.

'정의, 절제 그리고 장차 올 심판'은 사도시대 이후 설교의 주요 주제를 이룬다. 여기 나타난 단어 '절제'가 함축하고 있는 정확한 의미를 알아내기는 어렵다. 누가는 헤롯가(家) 사람들의 문란한 결혼풍습에 민감했으며(누가복음 3장 19절에 따르면 드루실라는 헤로디아와 인척관계에 있었는데, 헤로디아 역시 결혼에 문제가 있었다. 드루실라는 헤로디아의 시조카이자 살로메의 사촌이다), 돈과 관련된 불의에도 관심이 있었다.(행 5:1 이하, 행 8:18 이하, 행 19:23 이하 등) 아마도 그러한 사정들이 '절제'라는 다소 생소한 용어를 여기서 저자가 사용하게 된 연유일지 모른다. 더욱이 누가는 벨릭스가 뇌물을 원했다고 한다. "동시에 그는 바울에게서 돈을 바라고 바울을 자주 불러내어 이야기를 주고받았다."(행 24:26) 로마법은 뇌물수수를 금하고 있지만, 실제 현실은 그러한 법적 요구나 규제와는 별개로 전개되었다. 지방의 로마 권력자들이 죄수를 풀어주는 대가로 돈을 강요하는 것은 드문 일이 아니었다. 네로가 취임 연설에서 행정부처에서 돈으로 매수하는 관습을 없애겠다고 약속을 할 정도로 뇌물을 주는 행위는 일반화되어 있었다.[■] 요세푸스의 저술에 이러한 뇌물수수 관행에 대한 증언이 나오는데, 예컨대 유대 총독 알비누스의 행적 서술에서 다음과 같은 글이 나타난다. "그는 공적 직무를 수행하면서 개인의 재산을 사취하고 남용하며, 엄청난 세금으로 온 국민을 짓눌렀을 뿐 아니라 지역 산헤드린이나 전임 총독에 의해 구금된 강도들을 몸값을 받고 풀어줬다. 따라서 돈을 주지 않은 자들만이 죄인으로 감옥에 남아 있었다."[■■]

26절 기록은 벨릭스가 바울이 어느 정도의 경제적 능력이 있는 것으로 알고 있었다는 인상을 준다. 저자는 이미 언급한 구제금을 가져왔다는 말 때문에(행 24:17) 벨릭스가 바울이 많은 돈을 가지고 있으리라 추정한 것으로 진술하는 것 같다. 그렇지만 바울의 재정 상황에 대해서는 알려진 바도 없고, 추정 근거도 없다. 그가 구제금을 소지하고 있었든지, 아니면 기

[■] E. Cizek, *L'époque de Néron et ses controverses idéologiques* (Leiden: E. J. Brill, 1972), 71.

[■■] Josèphe, *Guerre des Juifs*, II, 273.

독교인 친지들이나 친척 등의 도움을 받고 있었으리라는 추측이 가능할 뿐이다.

결국 바울의 신변에 닥친 이런 불확실한 상황은 벨릭스가 총독 자리를 물러날 때까지 2년간 계속된다. 누가는 그 기간 중 벨릭스가 유대인들의 환심을 사려고 바울을 감옥에 가뒀다고 한다. "2년이 지난 후에 보르기오 베스도가 벨릭스의 후임으로 직책을 맡게 되었다. 그런데 벨릭스는 유대 사람들의 환심을 사려고 바울을 그대로 감금해두었다."(행 24:27)

여기 '2년'은 벨릭스의 임기를 가리킬 수도 있고, 바울이 구금되어 있던 기간 즉 그가 가이사랴에 머문 기간을 가리킬 수도 있다. 하지만 좀 더 그럴듯하기는 바울이 가이사랴에 구금되어 있던 기간이라 보는 게 온당할 것이다. 왜냐하면 누가의 서술맥락에 따르면 햇수를 계산하는 산정의 기준 또는 중심은 바울의 억류기간이고, 그 기간 산정에서 총독의 교체가 일종의 보조적 눈금 역할을 한 것으로 이해될 수 있기 때문이다. 즉 구금기간을 총독의 교체와 관련하여 계산했다는 것이다. 이 총독의 교체는 바울의 가이사랴 체류에 종지부를 찍는 계기가 되기도 한다.

누가는 벨릭스가 바울을 감옥에 가둔 것이 유대인들의 환심을 사기 위함이었다고 밝힌다. 그렇다면 이 묘사를 그대로 승인할 경우, 벨릭스가 유대인들의 환심을 사고자 했던 특별한 이유가 있었는지 고려해봐야 한다. 어쩌면 벨릭스는 로마로 떠나면서 자신의 통치에 대해 유대인 지도자들로부터 어떠한 비난도 받기를 원치 않았을 수 있다. 당시 유대인과 시리아인 사이의 분쟁도 아직 해결되지 않은 상태였다. 이러한 상황에서 유대인들의 환심을 사려 바울을 억류했다는 저자의 언급은 납득할 만하다.

이 같은 이유로 벨릭스가 재판을 연기한 것이 결과적으로 길어지게 되어, 바울은 판결이 없는 상태로 구금 연장을 겪어야만 했다. 엄밀히 말해, 판결 없이 구금된 이 상황은 그것 자체가 일종의 형벌이라 할 수 있다. 벨릭스는 이렇게 동결시켰던 바울 사건을 아마도 첨부된 보고서와 함께 후임자인 베스도에게 넘기게 된다.

[2] 베스도 앞의 바울

1. 베스도 부임

벨릭스 총독이 이임하고 새로운 총독이 부임하게 되는 통치자 교체를 계기로 바울 사건은 새 전기를 맞게 된다. 누가는 바울의 이야기를 베스도의 부임과 연결시킴으로 일반 세속 역사와 관련하여 바울 재판의 연대기를 밝히는 데 매우 중요한 실마리를 제공한다. 베스도가 취임한 정확한 연도에 대해서는 의견이 엇갈리는데, 주후 55년이나 56년 또는 60년경이 제안된다. 이 문제에 관한 다소 복잡한 논의를 자세히 다루기 어렵지만, 아마도 총독의 교체가 있었던 시기는 60년경이었을 것으로 추정하는 게 좀 더 가능성이 있을 것이다.

신임 총독 보르기오 베스도(Porcius Festus)는 부임하자마자 수도를 방문하기 위해 상경한다. 누가는 이것이 그가 이 '지역'에 도착한 지 사흘이 지난 뒤였다고 명기하고 있다. "베스도가 그 지역에 도착한 지 사흘 뒤에 가아사랴에서 예루살렘으로 올라갔다."(행 25:1) 이 베스도란 인물에 대한 로마 역사가의 언급은 거의 존재하지 않는다. 사도행전 외에 요세푸스만이 그에 관해 유일하게 언급하고 있을 뿐인데,[■] 그마저도 다른 총독들의 통치에 비해 상대적으로 매우 간략한 편이다. 요세푸스는 벨릭스에 대해서 혹독한 평가를 내리고 있는 데 반해, 베스도에 대해서는 아무런 비난도 하지 않는다. 요세푸스의 기록은 특히 총독들의 악정(惡政)과 폐습, 그에 따른 불행 등에 관해 집중적으로 진술하고 있는 것이 사실이다. 따라서 베스도에 대한 요세푸스의 침묵은 그가 선임자보다는 더 현명하고 온건한 사람이었음을 의미할 수 있다. 비록 그가 유대 사회 상황의 개선을 위한 노력을 기울인 듯하지만 지역 실정은 나아지지 않았다. 결국 베스도는 유대에서 직무를 수행하던 중 사망한 것으로 보고된다.

당시 유대의 혼란스러운 상황을 감안할 때, 새로운 총독이 수도를 공식적으로 방문하는 것은 단순히 의례상의 이유 때문만이 아니라 지역 실정을 점 더 잘 파악하기 위한 자연스러운 일이었다. 누가의 기록에 따르면 예루살렘 지도자들은 이 기

[■] Josèphe, *Antiquités judaïques*, XX, VIII, 9; *Guerre des Juifs,* II, 271.

회를 이용하여 다시금 바울을 고발했다고 한다. "대제사장들과 유대인 지도자들이 그에게 바울을 고소했다."(행 25:2) '대제사장들과 유대인 지도자들'은 율법학자와 유대의 유력자들 그리고 전임 대제사장들을 포함하여 현직 대제사장이었던 파비의 아들 이스마엘을 우두머리로 하는 산헤드린 회원들을 일컬었을 것이다. 이들은 새 총독 앞에서 다시 한 번 바울을 고발한다. 2년 동안 중지되었던 바울 재판은 이렇게 다시 재개된다. 유대인들이 서둘러 이 문제를 다시 거론했다는 사실은 바울에 대한 그들의 끈질긴 적대감을 보여주기에 충분하다. 적어도 사도행전의 묘사에 근거할 때 그들은 바울이 감금된 후에도 이 사건을 잊지 않고 있었던 것이다. 한편, 유대인들이 이 재판 사건을 다시 부각시킨 데는 또 다른 동기도 작용했을 것이다. 즉 만일 그들이 재빨리 재고발하지 않을 경우, 바울이 새 총독에게 석방을 요구할 것이고, 그렇게 되면 총독은 여타 다른 고소가 없는 한 그 요구를 거부할 수 없었을 것이기 때문이다.

유대인들은 사도행전 23장 12-15절에서와 같은 음모를 다시 꾸미며, 베스도에게 '호의'를 베풀어 바울을 예루살렘으로 이송시켜줄 것을 간곡히 요청하는데, 그 요청에 대한 공식적 이유는 밝히지 않는다. "호의를 베풀어 바울을 예루살렘으로 보내어주기를 청했다. 길에 매복하였다가 바울을 죽이려 했기 때문이다."(행 25:3) 누가에 따르면, 유대인 지도자들이 행한 이런 요구는 성전 모독 사건에 대한 합법적 재판권자로서의 권리를 주장하기 위해 바울의 이송을 요구하고 있는 것이 아니다. 이들은 도중에 매복자들로 하여금 바울을 살해하게 하려는 목적으로 단순히 재판 장소의 이전을 요구하고 있다는 것이다. 베스도 앞에서 적법(適法)한 재판 절차를 통해서는 목적을 달성할 수 없음을 눈치 챈 유대인들이 법적 절차와 형식은 더 이상 염두에 두지 않고, 오직 바울을 없앨 생각만을 하고 있다는 것이다. 어쩌면 저자가 이들이 일단 극단적 수단을 사용하여 바울을 죽인 뒤 로마 당국과 부딪쳐보리라는 복안을 가진 것으로 간주한 것인지도 모른다. 여하튼 유대인들은 자신들의 의도는 감추고, 다른 구실로 바울을 예루살렘으로 오게 해달라고 베스도에게 요청했다는 것이다. 베스도는 아마 그 동기를 모르는 상태였겠지만, 이 요청을 들어주지 않는다. "베스도는 바울이 가이사랴에 감금되어 있다는 것과 자기도 곧 그리로 가겠다고 말한 다음에, '그러니 만일 그 사람에게 무슨 잘못된 것이 있거든 당신들 중에서 유력한 사람이 나와 함께 내려가서 그를 고소하시오'라고 말했다."(행 25:4-5)

자신이 '곧' 가이사랴로 돌아갈 것이라는 베스도의 대답은 그가 바울을 예루살렘에서 재판할 시간적 여유가 없으리라는 의미를 함축한다. 베스도가 말하고자 하는 바는 바울을 예루살렘으로 이송하는 것이 불필요한 일이며, 유대인들의 요구를 검토하는 것은 가이사랴의 법정에서 할 일이라는 것이다. 따라서 유대인들이 바울을 고소하고 싶다면, 가이사랴로 그와 함께 내려가야 한다는 말이다. 그러면서 베스도는 바울이 가이사랴에 구류되어 있다고 지적한다. 다시 말해 베스도가 유대인의 고소에 대해 판결을 내리기까지 바울은 거기에 머무를 것임을 뜻하고 있다.

"베스도는 예루살렘에서 여드레 또는 열흘 가량을 지낸 뒤 가이사랴로 내려가서, 다음 날 재판석 위에 앉아 바울을 데려오라 명령했다."(행 25:6) 가이사랴에 도착하자마자 베스도는 바울을 법정으로 출두시켜 공식적으로 재판을 연다. 누가는 '재판석 위에'라는 표현을 함으로써 재판의 형식이 갖춰졌으며, 이제 바야흐로 모든 사법 절차가 시작되고 있음을 드러낸다. '여드레 또는 열흘'이라는 표현을 사용하는 저자는 날짜에 관한 자신의 진술이 매우 정확한 것이라는 인상을 주려는 듯하다.

"바울이 나타나자 예루살렘에서 내려온 유대인들은 그를 둘러서서 여러 가지 엄중한 죄목을 들어 고소했으나 증거를 대지 못했다."(행 25:7) 바울과 고소인들이 다시 한 번 대면하게 된다. 누가는 이 상황을 비교적 상세히 묘사하는데, 유대인들이 바울 둘레에 원을 형성하고 있다(둘러서서)는 것이다. 예루살렘에서 내려온 유대인들의 신분은 밝혀지지 않고 있는데, 아마도 산헤드린의 대표들이었을 것이다. 저자는 바울에 대한 고소 내용은 자세히 밝히지 않은 채, 다만 이 대표단이 '여러 가지 무거운 죄목'을 들어서 고발하였으나 증거를 대지 못했다고 보고한다. 고소 내용이 정확히 무엇이었는지 알 수 없지만, 이전 더둘로의 고소로 미루어 저자가 생각하는 고소의 대체적 윤곽은 짐작할 수 있다. 그들이 문제 삼은 것은 유대 종교와 공공질서에 관련된 것이었을 터이다. 게다가 8절에 나타난 바울의 변론을 보면, 2년 전 고소에 새로운 죄목이 하나 더 추가되었음을 알 수 있다. "바울은 '내가 유대 사람의 율법이나 성전이나 가이사에 대하여 아무 죄도 지은 일이 없습니다'라고 변명했다"(행 25:8)는 것이다.

바울은 '율법이나 성전이나 가이사'에 대하여 죄를 지은 일이 없다고 자신을 변호했다고 한다. 처음의 두 항목은 이미 2년 전에 언급된 것들이다. 그러나 세 번째 항목 즉 여기 처음 언급된 '가이사에 대한 죄'에 관해서는 정확한 고소 내용이 무엇이었는지 의문을 제기하지 않을 수 없다. 바울이 설교를 통해 로마법이 그 법적 지위를 인정하고 규정한 유대교와 이스라엘 민족을 와해하려 함으로써 황제의 권위에 대항했다는 것인가? 아니면 바울의 종말론적 설교들이 내포하는 정치적 측면, 다시 말해 머지않은 세계 종말의 시기에 예수의 주도 아래 이스라엘 왕국이 재건되리라는 설교 내용이 문제가 되었다는 것인가? 아니면 이전에 데살로니가에서 그랬던 것처럼(행 17:7) 바울이 가이사가 아닌 다른 왕(황제)이 있다고 선포했다는 혐의를 씌우는 것인가? 만일 황제의 권위에 대항했다는 고소가 유대인들에 의해 이루어지고 그것이 성립된다면, 이는 대단히 심각한 문제를 불러일으킨다. 왜냐하면 그것은 '대역죄(大逆罪)' 곧 제국의 안전과 그 기초를 위협하는 범죄로 간주되어 사형에 해당하는 중벌을 받게 되기 때문이다. 그러나 정작 베스도는 이 고소를 진지하게 받아들이는 것 같지 않다. 베스도는 사건에 관한 깊이 있는 조사를 하지 않은 채, 바울에게 다음과 같이 대꾸한다. "그대는 예루살렘으로 올라가서 이 사건에 관하여 내 앞에서 재판을 받고 싶지 않소?"(행 25:9) 누가는 이 말을 기록하기에 앞서 같은 절에서 '총독이 유대인들의 환심을 사려는 생각'에서 이러한 제안을 했다고 밝힌다.

그런데 유대인들의 고소와 바울의 변론을 들은 총독이 판결을 내려야 할 순간에 행해진 이 제안에는 몇 가지 모호한 점들이 발견된다. 먼저 저자가 베스도를 통해 말하게 한 이 제안이 의미하는 바가 정확하게 무엇인가 하는 점이다. 베스도는 예루살렘이 증인을 부르기가 편리하고 정보를 얻기 용이하다는 이유로 단순히 재판 장소를 옮기고자 하는 것인가? 아니면 바울 사건을 유대인 법정에 넘겨주려고 했던 것인가? 첫 번째 경우라면 베스도가 굳이 피고소인 즉 바울의 동의를 구한 이유를 설명할 수 없다. 그리고 이 단순한 조치가 바울로 하여금 잠시 후 가이사에게 상소하게 한 이유도(행 25:11) 이해할 수 없게 된다. 따라서 이 제안은 베스도가 바울에게 산헤드린의 재판권을 받아들일 것인가를 물었다는 의미로 이해되어야 한다. 10-11절의 바울의 말도 이러한 이해를 뒷받침한다. "나는 황제의 법정에 서 있습니다. 나는 여기에서 재판을 받아야 합니다."(10절) 이 말은 예루살렘에서 재판을 받는다는 것은 더 이상 가이사의 법정에 서 있지 않게 됨을 의미한다는 인상을 준다. "어느 누구도 나를 그들에게 넘겨줄 수 없습니다"(11절)라는 표현은 바울이 베스도의 생각, 즉 자신을 유대 법정인 산헤드린으로 보내려 하고 있다는 총독의 생각을 알고 있음을 암시한다.

이러한 해석을 인정할 경우, 다음과 같은 질문을 이어서 제기할 수 있다. 왜 베스도는 바울을 예루살렘으로 보내려는 의도를 갖게 되었을까? 그 이유는 본문의 맥락에서 추측컨대, 총독이 바울에 대한 고소가 궁극적으로 정치적 성격을 갖기보다는 종교적인 것이며, 따라서 바울은 산헤드린에 의해 재판을 받아야 한다는 판단을 하게 되었던 것이 아닌가 짐작할 수 있다. 후에 베스도는 이들의 싸움이 종교적 문제에 관한 것이라고 말하며 이 점을 인정한다.(행 25:19) 베스도의 제안을 이러한 의미로 이해한다 하더라도 사소한 문제가 하나 더 남아있다. 과연 재판관이 피고소인에게 법정을 바꾸는 것을 받아들일 것인가를 물을 필요가 있었느냐는 것이다. 바울이 가진 로마 시민권 때문에 그랬을 수도 있다. 적어도 저자는 예루살렘으로부터 로마에 이르는 바울의 여정을 기록하면서 로마의 사법 절차와 그 집행의 공정성을 보이려는 노력을 기울이고 있기 때문이다. 그러나 이 문제에 관한 분명한 대답을 기대하기엔 추론의 자료가 부족하다.

다른 한편, 9절의 '내 앞에서'라는 표현은 또 무슨 의미인가? 총독 참석하에 산헤드린을 열 것이라는 뜻인가? 아니면 베스도가 산헤드린의 재판을 지켜본 뒤, 필요한 경우 그 판결을 재가(裁可)하겠다는 뜻인가? 이 말의 의미를 파악하기는 쉽지 않다. 산헤드린의 재판에 로마의 사법 당국이 참여한다는 것은 있을 수 없는 일이지만, 베스도는 자신이 통제권을 쥐고 있다는 인상을 줌으로써 바울을 안심시키고자 했는지도 모른다. 베스도는 혹시 발생할 수도 있는 재판상의 부당 행위를 막기 위해 자신이 재판에 참석할 것을 약속하며 바울을 달래고 있다고도 볼 수 있다.

그러한 제안에 대하여 바울은 다음과 같이 대답한다. "나는 지금 가이사의 법정에 서 있습니다. 나는 여기서 재판을 받아야 합니다. 더 잘 아시는 대로 나는 유대 사람들에게 조금도 잘못한 것이 없습니다."(행 25:10) 누가가 묘사하는 바울은 총독의 법정을 가이사의 법정과 동일한 것으로 여기고 있다. 총독은 통치권을 위임받은 자로서 황제를 대표하므로 그의 법정은 곧 가이사의 법정이라는 뜻일 것이다. 실제로 로마의 정의는 황제의 정의로 이해된다. 황제의 위임자가 황제의 이름으로, 황제의 권위에 의해 재판을 하기 때문이다. '나는 여기서 재판을 받아야 합니다'라는 말은 바울이 유대 재판관이 아닌 로마 재판관에 의해 재판받아야 한다는 주장이다. 자신을 보내버리려는 베스도의 의중을 파악한 바울은 죽음의 위협을 느꼈을 수 있다. 예루살렘에서 재판을 받는다는 것은 그에게 사형선고를 의미했기 때문이다. 바울이 단호히 로마 시민으로서 로마 법정에서 재판받을 권리를 주장하는 것은 그런 이유가 작용한 것이다. 이 상황에서 바울의 유일한 피난처는 로마 사법 당국이었다. 선택의 여지는 없었다. 바울은 무슨 일이 있어도 로마 사법기구의 제도적 보호 아래 있어야 했다. 유대의 사법권을 피하고자 하는 그의 의도는 다음과 같은 발언 속에 잘 드러난다. "나는 유대 사람들에게 조금도 잘못한 것이 없습니다." 바울의 논리는 자신이 유대인들에게 잘못한 것이 전혀 없으므로 유대 법정과는 아무 관계도 없다는 것이다. 따라서 그는 로마의 사법제도 아래 머물러 있기를 원하는 것이다. 이러한 바울의 말은 '최고 법원' 즉 황제의 법정에 장차 상소할 수도 있음을(행 25:11) 조심스럽게 예고하는 역할을 한다. 여기 나타나는 '인정하다'라는 뜻이 있는 복합동사 '아시는 대로'라는 말은 비교급 '더 잘'이란 표현과 함께 고소와 변론을 들은 베스도가 바울이 무죄임을 확신하고 있으리란 점을 강조한다.

바울의 답변은 계속된다. "만일 내가 무슨 옳지 못한 일을 했거나 사형당할 만한 일을 했다면 나는 죽음을 사양하지 않겠습니다."(행 25:11a) 바울은 자신이 사형을 받을 만한 범죄를 저질렀다면 그 형을 감수할 용의가 있음을 선언한다. 하지만 이 표현을 문자 그대로 이해한다면 바울의 발언은 자연스럽지 못한 측면이 있다. 왜냐하면 재판에서 피고인이 부과된 형벌을 받거나 거부할 권리란 있을 수 없기 때문이다. 따라서 이것은 문학적 기교로, 이러한 상황에서 흔히 사용되는 틀에 박힌 상투적 표현이라고 보아야 한다. "그러나 이 사람들이 나를 고소하는 것이 아무런 근거도 없다면 어느 누구도 나를 그들에게 내어줄 수 없습니다."(행 25:11b) 이어지는 바울의 이 말은 위에서 이미 지적한 바 있듯이, 그를 산헤드린에게 넘겨주려는 베스도의 의도를 바울이 이미 알고 있는 듯한 인상을 준다. 바울은 자신의 사건에 대한 재판관할 문제를 제기하면서 분명하게 산헤드린의 재판권을 거부한다. 그는 로마의 재판권을 요구하며 마침내 황제의 법정에 상소한다. "나는 가이사에게 **상소합니다**." (행 25:11c)

2. 바울의 황제 상소

이 황제 상소는 바울 재판 그리고 바울 생애 전개에서 결정적 전환점을 이루는 사건이 된다. 이 사법 행위는 재판의 성격을 본질적으로 변화시켜 바울이 산헤드린 앞에 서게 될 가능성을 결정적으로 배제시킨다. 이리하여 바울은 유대인들이 설치해놓은 죽음의 함정을 피하게 되는 것이다. 그리고 그의 로마행, 마지막 운명 등을 결정하게 되는 생애 변환의 꼭짓점을 형성한다. 여기서 바울 재판 중 가장 중요한 법률 행위인 '상소(上訴)'가 거론된 만큼, 이와 관련된 두 가지 주목할 상소

방법에 대해 먼저 살펴보아야 할 것이다. '항소(抗訴, provo-catio)'와 '상고(上告, appellatio)'가 그것인데, 그 둘의 내용은 자세히 알려져 있지 않다. 그나마 드러난 바를 요약하면 다음과 같다.

'항소권'은 시민의 기본권 중의 하나였다. 이것은 법관이 사형이나 고액의 벌금형을 판결했을 경우 시민을 보호하기 위한 조처로 마련된 것이었다. 그런데 이 '항소'에는 제한 규정이 있었는데, 특히 형사재판과 법관의 강제권 행사의 경우에만 국한 적용되었다는 것이다. 또 노예나 여자, 이방인들은 이 권리의 수혜대상에서 제외되었다. 이 권리는 처음에는 로마와 로마를 중심으로 반경 천보(千步) 이내의 지역에서만 시행되었는데, 바울 시대에는 '항소'의 혜택이 로마제국의 전 영토로까지 확대 적용되었던 것 같다.

위의 '항소'와 어떤 관계를 갖고 있었는지 정확히 알 수 없는 또 다른 하나의 상소 방법이 있었는데, 그것이 '상고'다. 이 제도는 점진적 변화와 발전 끝에 제국 치하에 이르러 '상소 장치'로 정착이 된다. 이 제도 역시 법관의 전횡에 대해 시민의 권리 보장을 목표로 수립된 것이다. '항소'란 로마 시민이 사법관

단(司法官團)이나 호민관(護民官)에게 법적 보호를 요청하는 제도를 말한다.

제국 치하에서는 판결을 내린 법관 앞에서 이뤄진 상소일 경우, 일단 그것은 황제에게 호소하는 상소를 의미했다. 모든 피고인은 물론 유죄 선고를 받은 사람들까지도 황제에게 도움을 청할 권리와 재판을 청할 권리, 또는 불공정하다고 생각되는 유죄 선고의 재심을 요청할 권리가 있었다. 가이사에게 상소할 수 있는 이런 권리는 고대의 로마 시민 불가침권을 대신하면서 하나의 특권이 되었다. 이 상소제도의 효력은 판결을 중지시킨다거나 취소시키는 데 있는 것이 아니라, 법원의 유죄 판결을 수정할 수 있는 황제의 최고법정에 호소하는 데 있었다. 그러나 상소하는 사례가 많아지자, 황제는 상소심의 판결권을 상원이나 고급관리들에게 위임했다. 상소심 판사는 사건을 완전히 다시 심리하여 새로운 판결을 내릴 수 있었다. 법관은 새로운 법의 원칙을 적용하고 사실에 대한 판단을 수정할 수 있었다. 현대적 의미에서처럼 법관은 법률심(法律審) 및 사실심(事實審)의 판결자가 되는 것이었다.

그런데 문제는 바울의 상소에 관련된 법규에 대해서 그것을 규명할 상세정보가 없다는 것이다. 특히 이 상소의 '성격'에 대해서는 다양한 견해가 존재한다. 예컨대, 상소 제도는 적어도 하나의 중간 판결을 필요로 했으므로 바울의 청원에 '상소'라는 전문적 의미를 부여해서는 안 된다는 의견이다. 이런 이해에 따르면, 바울은 로마 시민으로서 하급심으로서의 총독의 재판권을 거부하며 직접 황제의 법정에서 재판받을 권리를 요구한 것이 된다. 따라서 그 요구는 '재판권 거부'에 해당하는 것이지 '상소' 행위에 해당하는 것으로 볼 수 없다는 것이다. 그렇게 되면 바울의 이러한 법적 행위는 이를테면 '법관 기피'의 한 예 곧 자신에게 반감을 가진 법정을 거부하는 행위로 규정된다.■

한편 일부 학자들은 '항소'와 '상고' 사이의 차이점을 발견할 수 있다고 지적하며, '항소'의 역사적 사례로서 바울의 상소를 거론할 수 있으며 그것이 '일차 상소' 제도였다고 견해를 드러낸다.■■ 그들은 '항소'가 바울의 경우처럼 판결 전에 요청할

■ P. Garnsey, "The Lex Iulia and Appeal under the Empire," *Journal of Roman Studies* 56 (1966), 182-185.

■■ A. H. M. Jones, "I Appeal unto Caesar," in *Studies in Roman Government and*

수 있는 것이었던 반면에, '상고'는 판결이 내려진 이후에 요청할 수 있는 것이었다는 주장이다. 만일 이러한 해석이 신빙성 있다면, 바울 상소에 대한 법률적 성격 규명은 가능하다. 그것을 '항소'로 이해할 수 있다는 것이다. 그렇지 않고 위에서 제시한 다른 논의처럼, 바울의 법률 행위를 전문적 개념으로 엄밀히 규정한다면 '법관 기피'의 범주에서 파악해야 할 것으로 보이지만, 이미 상당한 사법적 재판 행위가 진척된 상황임을 감안하면 포괄적 의미의 법적 구조 행위인 '상소'에 이 사건을 포함시켜도 크게 무리는 없을 것이다.

이상에서 상급 법원으로의 심의 요청과 관련된 제도상의 문제들에 대해 간략히 살펴보았지만, 이런 조사를 통해 확인할 수 있는 것은 이런 논의주제에 대한 확정적 답변을 끌어내기가 어렵다는 점이다. 고대 제도에 관한 사료의 결핍에 기인한 결과다.

바울 당시 가이사를 향한 모든 상소가 자동적으로 받아들

Law (New York: Praeger, 1960), 55, 69; Adrian N. Sherwin-White, *Roman Society and Roman Law in the New Testament* (Oxford: The Clarendon Press, 1963), 63 이하.

여지는 것이 아니었음은 당연하다. 그 점을 의식했을 누가는 베스도가 배석판사들과 협의했다고 보고한다("그때에 베스도가 배석판사들과 협의하고……" - 행 25:12a). 식민 지역에서 '배석판사들'이 어떻게 구성되었는지, 그 기능은 무엇이었는지, 그리고 책임 한계는 어디까지였는지에 대해 정확히 알려지지 않고 있다. 그러나 이들이 모든 재판관 옆에 자리하고 재판권 행사를 도왔으리라는 사실은 어렵지 않게 상상할 수 있다. 재판관은 민·형사상의 중요한 결정을 내리기 위하여 법률가와 행정 전문가의 의견을 들어야 했을 것이다. 그렇다고 배석판사의 의견이 재판관에 대해 구속력을 가지는 건 아니었을 것이며, 재판관이 전적인 결정권을 행사했을 것이다.

바울의 경우, 총독은 배석판사들과 더불어 다음과 같은 문제에 대해서 토론했을 것이다. 먼저 상소의 합법성 문제다. 바울이 가이사 상소권을 사용하는 게 적법한 것인가? 재판을 지연하려고 전략적 상소를 할 수도 있는 일이다. 따라서 사건을 로마에 보내기에 앞서 상소의 적법성을 검토하는 것이 필요하다. 그 다음은 바울의 혐의(嫌疑) 내용 문제다. 그러나 당시 어떤 종류의 혐의에 대해 가이사 상소가 일반적으로 인정되었는지 알 수 없기 때문에, 어떤 이유로 바울의 청원이 받아들여졌는지 추정하기는 쉽지 않다. 누가의 서술을 그대로 승인할 경우, 비록 저자가 언급하지는 않지만 이 과정 중 틀림없이 바울의 로마 시민권이 모종의 중요한 역할을 했을 것이다. 총독은 로마 시민에게 사형을 선고할 권리가 없었다고 하고, 체형(體刑)이나 사형을 받을 가능성이 있는 사람이 요청할 경우 재판을 받게 하기 위해 로마로 보낼 의무를 지녔다고 하나, 요세푸스의 서술■("불행을 한층 심화시켰던 것은 로마인들의 전대미문(前代未聞)의 잔인함이다. 플로루스(Florus)는 그때까지 아무도 감히 하지 못했던 일을 저질렀다. 그는 유대인이기는 했지만 로마 시민의 품위를 갖춘 기사계급의 인물들을 계단 앞에서 채찍질하고 십자가에 못 박았던 것이다")을 보면, 황제 상소권이 올바로 적용되었는지에 대해 의문을 품을 수도 있다.

여하튼 배석판사들과 협의를 거친 후 베스도는 다음과 같이 대답한다. "당신이 가이사에게 상소했으니 가이사에게 갈 것이요."(행 25:12b) 이 말과 함께 가이사랴에서 전개된 바울 재

■ Josèphe, *Guerre des Juifs*, II, 3-8.

판의 한 국면은 마무리를 짓게 된다. 이제부터 공식적으로 바울 사건은 로마에서 다뤄지게 될 것이고, 재판권한 문제는 더 이상 논의의 대상이 되지 않는다. 바울의 운명은 황제의 법정에 의해 로마에서 결정될 것이다. 따라서 이후 가이사랴에서 벌어지는 모든 사건은 사법적 관점에서는 부수적 역할밖에 하지 못한다. 바울에게는 로마로 보내지기를 기다리는 일만 남았을 뿐이다. 로마로 이송되기를 기다리면서, 누가는 바울이 아그립바 2세와 그의 누이인 버니게를 만난 이야기를 기록하고 있다. 이에 대한 사도행전 기록의 추적은 다음 장에서 계속할 것이지만, 그에 앞서 바울의 황제 상소가 갖는 중요성에 비추어 그 의미를 좀 더 살펴보고자 한다.

3. 황제 상소의 의미

바울이 베스도에게 호소한 황제에의 상소는 일단, 위기에 처한 피고가 제국의 사법적 결제(決濟)를 요청했다는 법률 행위의 의미를 갖는다. 일차적으로 그런 뜻이 있음이 분명하다. 그러나 그와 더불어 강조되어야 할 또 다른 점이 하나 있다.

그것은 바울의 이 상소가 산헤드린이라는 유대 민족의 최고 통치기구의 법적 재량권과 사법적 판단의 권위를 부정하고 있다는 의미를 보다 주목해야 한다는 것이다. 즉 바울이 로마 시민으로서 누릴 수 있는 특권을 받아들이고 황제의 판결권에 호소한다고 했을 때, 그가 유대와 로마의 두 사법적 판결 주체를 단순히 대립시키고 있다는 평면적 이해만 할 수는 없다는 것이다. 오히려 여기서 바울은 유대의 종교적 권위체로서의 산헤드린이 자신에게 법적 제재권을 행사하려는 가능성에 대해 단호히 부정하고 있음을 주목해야 한다는 것이다. 그리고 그것은 한 걸음 더 나아가 유대교 자체에 대한 부정적 태도의 표명으로 이해될 수 있는 행위임을 간파해야 한다. 그렇다면 이 같은 바울의 황제 상소는 어쩌면 유대교와 기독교의 일종의 '결별'을 암시하는 표시였을 수 있고, 바울과 같은 유대인 출신 기독교인들이 가졌던 이중적 소속, 즉 유대교와 기독교의 두 가지 공동체 소속원이란 귀속의식의 종언을 시사하는 표지일 수 있다. 적어도 이 점은 사도행전에서 최초로 나타나는 '이중적 귀속'의 거부로 파악할 만한 것이다. 바울이 감히 공식적으로 산헤드린의 재판 관할권을 부정한다는 것은 보통의 유대인으로는 상상하기 어려운 행위였을 것이다. 왜냐하면 산헤드린이 차지하고 있는 유대 사회에서의 위치와 권위를 고려할 때 그것은 유대교 바깥으로 자신을 내던지는 행위와 다름없기 때문이다. 그러한 황제 상소는 로마 시민으로서는 적법한 법률 행위일지 모르지만, 신실한 유대교 신자 또는 범상한 유대인의 행위일 수는 없는 것이다.

이처럼 누가가 바울의 황제 상소를 통해 그를 산헤드린의 법적 구속력으로부터 벗어나 로마 권력의 보호 아래 귀속시킴으로써 바울 자신과 기독교를 유대교의 울타리 밖으로 떼어놓고 있다는 이해도 가능하다. 요컨대 저자는 바울의 상소 행위를 유대교와 기독교의 결별을 암시하는 사건으로 활용할 수 있었다는 말이다. 어쩌면 저자로서는 이 황제 상소가 실제 바울 이후에 겪게 될 두 종교의 장구하고도 완만한 과정을 통한 분리의 시발로 파악했을 수 있다. 그리고 그 상소가 바울 재판의 성격을 변경하는 역할을 맡게 되기를 기대했을지도 모른다. 즉 상소 이후 바울 재판은 저자의 신학적 거대구도에서 단순히 바울 한 사람만의 재판이라는 성격을 벗어나 이제 새롭게 부상하는 새로운 종교로서의 '기독교 자체'에 대한 재판이라는 신학적 의미를 덧입히려는 저자의 의도가 작용했을지도 모른다는 뜻이다.

그러나 비록 이 두 종교의 분리를 저자가 염두에 두고 이러한 기록을 남겼다 하더라도, 구속사의 전개에서 유대 민족이 결정적으로 포기된 것은 아니었던 것처럼, 이방인들의 구원에의 참여가 유대 전통에 대한 경의(敬意)를 배제하지 않는다는 사실을 지적해야 한다. 이 점은 사도행전 마지막 결말 부분에 나타난 본문을 연구할 때 확인될 것이다. 즉 저자에게는 유대교와의 '단절과 계속성'을 동시에 간직하려는 신학적 구상이 있었다는 것이다.

제3장

아그립바 왕가 앞의 바울

바울이 총독 베스도 앞에서 황제로의 상소를 행한 후, 누가에 따르면 바울은 아그립바 2세와 버니게 앞에 서게 된다.(행 25:13-27) 그런 기회에, 유대 왕 앞에서 바울은 짧지 않은 증언(행 26:1-23)을 행한다. 그리고 총독과 아그립바 왕과 바울이 짤막한 대화(행 26:24-32)를 나누게 되는데, 이런 누가의 보고를 따르면서 바울의 활동에 대해 검토해보기로 한다.

1. 바울과 아그립바, 버니게

누가가 전하는 아그립바 왕 및 그의 누이인 버니게와 바울 사이의 대화 사건은 다소 불명확한 다음과 같은 표현으로 시작한다. "며칠이 지난 뒤에 베스도에게 인사하려고 아그립바 왕과 버니게가 가이사랴에 왔다."(행 25:13) 여기 등장하는 두 유대 왕족은 단순히 신약의 역사나 유대 역사의 측면에서만 주목되는 인물이 아니다. 그들은 추후 로마제국의 중심부에서까지 적잖은 반향을 불러일으키게 될 괄목할 존재들이다. 누가의 글뿐 아니라 신약문서 중에서 로마 황제와 직접적 관련이 있는 인물을 이처럼 가깝게 묘사하고 있는 것은 이 부분이 유일한 사례다. 그런 뜻에서 이 두 인물의 배경을 간략히 살펴볼 필요가 있다.

'아그립바 왕'이란 인물은 사도행전 12장 20-23절에서 그 죽음에 대해 서술된 아그립바 1세의 아들이며, 헤롯 대왕의 증손자인 '마르쿠스 율리우스 아그립바 2세(Marcus Julius Agrippa II)'를 일컫는다. 그는 주후 27년에 로마에서 태어나 그곳에서 자랐고, 클라우디우스 황제의 궁정에서 양육되었다고 한다. 그는 여러 우여곡절 끝에 빌립보와 베다니 지방, 갈릴리의 일부분 등을 통치하게 되는데, 아버지인 아그립바 1세의 처음 왕국을 약간 확장된 상태로 되찾게 된다. 그는 여기 사도행전에 등장하는 누이인 버니게와 함께 살았는데, 이 은밀한 관계는 근친상간 비난을 불러일으켰다. 아그립바는 로마 권력과 가깝게 지내면서 항상 로마에 충성을 다했다. 유대전쟁(66-70년) 중 그런 행동을 특징적으로 보여줬는데, 66년 저항운동이 일어나자 그는 유대인들의 분노를 가라앉히려 노력했으나 실패한다. 주후 100년에 사망한 그의 죽음으로 마침내 혜롯 왕조의 마지막 인물이 사라지게 된다.

오빠인 아그립바 2세와 함께 바울 앞에 나타난 드루실라의 자매(벨릭스의 아내, 행 24:24) 버니게는 주후 28년에 태어났다. 그의 첫 남편은 마르쿠스라는 인물이었다고 한다. 이 남편이 죽은 뒤, 그녀는 아버지의 형제인 칼키스의 왕 혜롯과 결혼한다. 그러다 48년에 남편 혜롯이 죽고, 남편 사후(死後), 오빠와의 관계에 대한 좋지 않은 소문이 떠돌게 된다. 이 소문을 없애기 위해 그녀는 길리기아의 왕인 폴레몬과 다시 결혼한다. 그러나 그녀는 곧 새 남편을 버리고 오빠인 아그립바와 함께 살기 위해 다시 돌아온다. 따라서 사도행전 기록을 그대로 따를 경우, 그녀가 새 총독 베스도를 만나기 위해 오빠와 함께 가이사랴에 간 것은 바로 이 무렵이었던 것으로 추정할 수 있다. 로마 역사가들의 서술에 따르면 유대전쟁 중 버니게는 로마 진압군 장군 부자(父子)요, 나중 황제로 즉위하게 되는 베스파시우스(Vespasius)와 디도(Titus)의 마음을 사로잡았다고 한다. 특히 그녀가 디도에게 불러일으켰던 애정은 유명한 이야기다. 예루살렘이 함락된 후 그녀는 아그립바와 함께 로마로 오게 되는데, 디도가 그녀를 자신의 궁전에 머물게 한다. 그러나 유대인들에 대한 로마인 대중의 분노와 그녀의 명예롭지 못한 과거 때문에, 아버지 베스파시우스는 버니게를 돌려보내라고 명령한다. 그 후 디도가 황제에 즉위하게 되자 버니게는 다시 로마에 오지만 황제에게 그녀는 이미 잊힌 뒤였다는 것이다.■

앞서 언급했듯이 누가는 "며칠이 지난 뒤에 베스도에게 인사하려고 아그립바 왕과 버니게가 가이사랴에 왔다"(행 25:13)고 기록한다. 두 사람은 새 총독에게 인사를 하려는 의전적 목적으로 방문을 하고 있는 듯하다. 여행을 많이 했다고 전해지는 아그립바의 평소 행동을 볼 때, 또 그가 복종의 의미는 아니더라도 인사차 새로운 총독을 방문한다는 것은 얼마든지 가능한

■ E. Jacquier, "Bérénice," in *Dictionnaire de la Bible*, tome I, col. 1612-1613. Tacite, *Histoires*, II, 81 ; Suétone, *Titus*, VII.

일이다. 왕과 총독이 만난 자리에서 당연히 시사적 문제들에 대해 이야기를 나누었을 것이고, 그러다 보면 바울 사건을 화제에 올릴 수도 있었으리라는 상상은 매우 자연스럽다. 이리하여 총독은 바울을 아그립바 앞에 세운다.

누가는 바울이 등장하게 된 상황을 다음과 같이 설명한다. "그들이 거기서 여러 날 지내는 동안 베스도가 바울에 관한 일들을 끄집어내어 왕에게 말했다."(행 25:14a) 그리고 베스도는 짧은 연설을 통해(행 25:14-22) '바울 사건'을 소개한다. 이것은 예루살렘과 가이사랴에서 일어난 지금까지의 사건 개요라고 할 수 있다. 그의 연설은 누가가 진술한 사도행전 25:1-12의 서술 순서를 따르고 있으나 그대로 반복하지는 않는다. "벨릭스가 감금한 사람이 하나 있는데, 내가 예루살렘에 갔을 때에 유대인의 대제사장들과 장로들이 그에 대하여 고소하면서 유죄 판결을 청했습니다."(행 25:14b-15) 여기에는 대제사장들과 장로들의 요구가 더 구체적으로 표현되어 있다. 이들은 바울을 '고소'했을 뿐 아니라, '유죄 판결'을 청했다는 것이다. 사도행전 25:2에서 유대인들은 베스도에게 바울의 이송도 요구했다. 그러나 총독은 여기서 그 요구에 대해서는 언급하지 않는다.

유대인들의 요청에 대한 답변을 묘사하는 기회를 통해 누가는 베스도로 하여금 로마법의 한 가지 주요 원칙을 선포하게 한다. 로마인들이 소중히 여기는 이른바 '형평의 원칙'이 그것이다. "그때 나는 그들에게 '로마 사람의 관례로서는 피고가 원고를 직접 만나보기(對面) 전이나 피고가 받는 혐의에 대하여 변명할 기회를 얻기 전에는 그 사람을 넘겨주는 일이 없다'고 대답했습니다."(행 25:16)

넓은 의미에서 '관례'라는 말은 어떤 특정 사회 안에서 일반적으로 관찰되는 행동방식을 가리킨다고 말할 수 있다. 그러나 본문 상황에서는 법으로 공포되지는 않았으나, 모든 관련자들이 인정하는 만큼 거의 법과 같은 효력이 있는 관습에 의해 확립된 사법규칙을 의미한다. 여기서 베스도가 전문적이고 학문적 의미에서 '관습법'을 생각하고 관례에 대해 이야기하고 있는지는 확실치 않다. 그러나 이 단어가 사용된 사법적 맥락을 생각할 때 '관례'라는 말이 갖는 규범적 의미를 인정해야 할 것이다. 동일한 사회적 의미를 갖는 사건이 반복될 때 관습이 형성되며, 그 관습은 공동체의 합의를 얻게 되면 법적 가치를 획득하게 되고 강제적인 법적 규칙이 된다. 고대 로마 시대 법의 유일한 근원이었던 관습은 공화정 아래서도 그 중요성을 잃지 않았다고 한다. 그러나 관습의 중요성은 시대나 사법제도의 발달에 따라 변화한다. 입법부가 조직되고 견고히 강화되면서 성문법(成文法)이 조금씩 관습을 대신하게 되고, 법제화가 이루어진 뒤에는 관습이 거의 완전히 배제되게 된다.

베스도는 이렇게 로마 사람들의 관습을 언급함으로써 자신이 정의를 보장하려 한다는 것을 과시하는 것으로 묘사된다. 피고의 권리를 보호해야 한다는 것이다. 형평성을 보장하기 위해서, 피고는 원고를 직접 대면하여 자신을 변호해야 한다. 지금까지 알려진 로마의 법률문헌 중 베스도가 말한 법적 규칙을 명시하고 있는 것은 없지만, 그의 이 선언은 로마식 소송절차의 실제 관행을 더할 나위 없이 잘 표현하고 있다 할 것이다.

베스도는 계속해서 앞서 있었던 일들을 요약한다. "그래서 그들이 여기까지 같이 왔으므로 나는 조금도 지체하지 않고 그 다음 날 재판석에 앉아 그 사람을 불러오게 했습니다. 원고들이 일어나 그에 대한 작은 죄목을 늘어놓았지만 내가 생각하던 그런 악한 일은 하나도 없었습니다."(행 25:17-18) '지체하지 않고 불러오게 했다'는 베스도의 신속한 조치는 전임자인 벨릭스가 심문을 '지체시키고' 연기했던 행위(행 24:22)와 뚜렷한 대조를 이룬다. '작은 죄목'이라는 표현을 사도행전 25:7의 '여러 가지 중한 죄목'과 비교해보면, 베스도의 말이 진실이 아니라는 인상을 받을 수 있다. 이것은 저자가 바울의 죄를 축소하려는 목적으로 베스도의 입에 의도적으로 의탁한 말이다.

"그들이 바울과 맞서 문제 삼는 것은 그들 자신의 종교에 관한 문제와 또 죽은 사람 예수라는 이에 관한 문제인데 바울은 그가 살아 있다고 주장했습니다."(행 25:19) 누가는 베스도가 바울과 유대인들 사이 논쟁의 원인이 무엇인가를 잘 파악하고 있음을 보여준다. 그러나 앞서 7-8절에 따르면 예수의 부활 주제는 재판 과정에서 문제되지 않았다. 이 주제에 대해 논쟁이 벌어진 것은 산헤드린의 모임에서다.(행 23:6-9) 베스도는 문제가 예수의 부활에 대한 논쟁과 관련되었다고 말한다. 이것은 실제로 기독교 신앙의 정곡을 찌르는 중요한 진술이다. 그러므로 여기서 우리는 저자가 로마인 베스도의 입을 빌려 기독교 신앙의 핵심을 말하게 함으로써 그 신앙 내용의 객관성과 신빙성을 확보하려는 의도가 있었던 것으로 추측할 수 있다.

"나는 이 문제를 어떻게 할까 망설이다가 이 사건에 대하여 예루살렘에 가서 재판 받기를 원하는지 바울에게 물어보았습니다. 그때 그는 황제의 판결을 받겠으니 그대로 머물러 있게 해달라고 호소하므로 내가 그를 가이사에게 올려 보내게 될 때까지 그대로 감금해두도록 명령했습니다."(행 25:20-21) 베스도는 바울을 예루살렘으로 이송하려 했던 이유를 설명한다. 그는 이러한 문제 앞에서 난처했기 때문에 예루살렘행(行) 제안을 했던 것이라 말한다. 로마 사람인 베스도가 사도행전 17:32에서 그리스 사람들이 그러했던 것처럼, 예수라는 이의 부활에 대한 이상한 논쟁 앞에서 난처해했으리라는 것은 능히 짐작할 수 있다. 그러나 그가 곤란했으리라는 사실을 이해한다 하더라도, 이 이송 동기는 별로 설득력이 없어 보인다. 게다가 9절에서 저자는 예루살렘으로 이송하려는 이유가 유대인들의 환심을 사려는 데 있었다고 기록하고 있다. 그렇다면 이 구절에서 누가는 바울을 정치적 죄목과 연결시키는 것을 의도적으로 피하고 있음을 간파할 수 있다. 예루살렘의 유대인들이 '여러 가지 중한 죄목을 들어' 고소하고(행 25:7), 바울이 가이사에 대한 죄에 관해 변론을 했음에도(행 25:8), 저자는 베스도로 하여금 유대인들이 제시한 죄목 중에는 그가 생각하던 악한 일은 하나도 없었다고 단언하게 한다.(행 25:18) 누가는 바울의 재판이 오직 종교적 차원에 속하는 일이었으며, 따라서 기독교와 로마 권력 사이에는 어떠한 마찰도 없었다는 인상을 주려고 하는 것이다.

누가는 아그립바가 총독이 그러한 이야기를 하자 그에게 다음과 같이 말했다고 전한다. "나도 그 사람의 말을 친히 들어보고 싶습니다." 그러자 베스도가 "내일 그의 말을 들어보십시오"라고 말한다.(행 25:22) 그래서 다음 날, 아그립바와 버니게는 격식을 갖춰 차려입고 나타났다는 것이다. "아그립바와 버니게가 화려하게 차리고 나타나 천부장과 그 도시 요인들을 거느리고 공청실(公廳室)로 갔다."(행 25:23) 베스도가 왕족 두 사람 즉 아그립바와 버니게, 천부장들 그리고 요인들이 참석하는 일종의 공청회를 열었던 것으로 묘사된다. 이 공청회는 유력인사들을 위해 격식을 차려 개최되기는 했지만, 사법적 차원에서는 재판과 전혀 관련 없는 모임이었다. 아무런 법적 효능도 갖지 못한 회합인 셈이다. 황제를 향한 바울의 상소가 받아들여진 이상, 이제 가이사 이외 어느 누구도 이 사건에 대해 판결을 내릴 수 없게 되었기 때문이다. 사실상 바울의 이 출두는 서술의 전개에 아무런 영향도 끼치지 않는 하나의 삽화적 사건이었을 뿐이다. 바울은 심문이 열리는 장소인 듯한 '공청실'로 끌려나온다.

총독은 바울을 사람들에게 소개하고 모임의 목적을 밝히는 연설을 한다. "아그립바 왕이여, 그리고 우리와 자리를 함께하신 여러분, 보시는 바대로 이 사람은 예루살렘에서나 이곳에서나 모든 유대인의 무리가 더 이상 살려둬서는 안 된다고 소리치며 내게 소송을 걸어온 사람입니다. 그러나 나는 그가 사형당할 만한 아무런 일도 하지 않았다고 판단했습니다. 그런데 그가 황제께 상소했기 때문에 나는 그를 보내기로 작정했습니다."(행 25:24-25) 베스도는 대중 앞에서 바울이 처한 상황을 이같이 요약한다. 그 전날 아그립바에게 설명한 내용이 여기에 들어 있다. 그러나 이번에는 그의 어조가 매우 과장되어 있다. 즉 '모든 유대인 공동체'가 연루된 것으로 묘사된다. 이 표현에서 '모든 유대인의 요구에 의거하여 일을 처리한다는 공정성'을 강조하는 베스도의 생각을 읽을 수도 있지만, 그보다는 누가의 신학적 배려가 담긴 표현으로 이해해야 할 것이다. 왜냐하면 저자가 구사하는 이러한 종류의 일반화는 이 긴 바울 재판과 관련된 기록에서 가해자인 유대인들의 책임을 좀 더 강조하는 의도가 있는 듯하기 때문이다.

그의 발언 중 인상적인 것은 '더 이상 살려둬서는 안 된다고 소리치다'는 표현이다. 이 말은 새로 부임한 총독은 모르고 있었을, 바울 사건 발생 초기의 예루살렘 군중의 외침(행 22:22)을 상기하게 한다. 독자들은 베스도의 연설에서, 베스도 자신이 마치 바울의 체포 과정을 목격하고 백성들에게 했던 바울의 연설을 현장에서 들은 듯이, 그리고 산헤드린의 모임에도 참석했던 듯이 이야기하고 있다는 인상을 받는다.

누가는 이 기회를 이용하여 로마 당국이 다시 한 번 바울의 무죄를 선언하게 한다. "나는 그가 사형당할 만한 아무런 일도 하지 않았다고 판단했습니다."(25절) 이 말은 천인대장 루시아의 판단(행 23:29)을 상기시킨다. 그의 말이 동일한 어휘로 반복되고 있는 것이다. 이것은 이 사건에서 로마 관료에 의한 세 번째 무죄 선언이며(그 외 행 23:29, 25:18), 본문인 사도행전 25장에서 세 번째 나타나는 지적이다.(행 25:7-11, 18-20)

베스도의 연설은 계속된다. 피고 바울이 아우구스투스에게 상소했기 때문에 베스도는 그를 황제에게 보내기로 결심했다는 것이다. 여기서 베스도는 다시 한 번 자신의 곤란한 처지를 고백한다. "그런데 나는 그 사람에 관해 주군(主君, kurios, 즉 황제)께 써 올릴 만한 어떤 확실한 것들을 얻지 못했기 때문에 여러분 앞에 특히 아그립바 왕 앞에 그를 데려왔으며 여기서 그를 심문하여 내가 써 올릴 어떤 것을 얻으려고 합니다. 죄수를 보내면서 그의 죄목도 제시하지 않는다는 것은 무리한 일이라고 생각합니다."(행 25:26-27) 베스도는 모임의 동기를 그렇게 밝힌다. 저자에 따르면, 베스도는 바울을 가이사에게 보내기로 결정한 후 기록할 내용이 거의 없다고 생각되는 보고서를 어떻게든 채우기 원했다는 것이다. 그는 바울에 관해 '확실한' 자료를 얻지 못했다고 한다. 이런 이유로 그는 그 지역에서 일어나는 일들에 대해 잘 알고 있을 유대 왕이 참석한 가운데 다시 심문을 하게 된 것이라는 말이다. 그러나 이처럼 제시된 모임의 동기에 관해 몇 가지 의문이 제기된다. 단지 정보를 추가 수집하려는 목적이라면, 베스도는 바울을 아그립바 앞에 소환하여 사적인 심문을 할 수도 있었다. 그런데 손님인 왕을 정중히 예우하고

자 했을 베스도의 의도를 고려한다 하더라도, 이 예외적 심문은 지나치게 엄숙하고 과시적 모임이 되었다. 또 베스도는 가이사에게 마땅히 보고할 것이 없어 아그립바 2세 앞에서 심문을 하게 되었다 했는데, 그렇다면 왜 이 사건의 자초지종을 있는 그대로 기록할 수 없었다는 것인가? 사건의 전개 과정과 바울이 가이사에게 상소하기까지의 조사 결과를 기록할 수도 있었을 것이다. 유대인들이 여러 중요한 제목들을 들어 바울을 고소하지 않았던가?(행 25:7) 이러한 질문들에 대한 답변은 제시되지 않는다. 다만 짐작컨대, 저자가 판단하는 이야기 전개의 논리와 맥락상 바울의 긴 증언을 포함시켜 넣기 위해 '유대인의 풍속과 문제들을 모두 잘 알고 있다'(행 26:3)는 유대 왕을 끌어들일 필요가 있었던 것으로 판단하는 수밖에 없다. 비록 그것이 독자들의 감각과 다소 어긋나는 측면이 있다 해도, 저자는 서술 전개의 필연성에 입각하여 본문과 같은 흐름이 자연스러우리라 파악했을 것이다. 다른 한편, 누가는 유대 왕을 통해 바울이 무죄임을 뚜렷이 밝히는 장면을 원했을지 모른다.(행 26:31-32) 그리고 아나니아에게 행해진 예언의 내용대로(행 9:15) 바울을 왕 앞에 출두하게 하는 것이 필요하기도 했을 것이다.

결국 저자는 바울이 아그립바 왕 앞에 출두하게 된 이유를 설득력 있게 제시하지는 못한다 해도, 그 출두 자체가 바울 사건 전개에서 독특한 의미를 차지하는 것으로 이해했을 것으로 추정된다. 저자는 황제를 '주군(kurios)'이라 부르는데, 신약에서 로마 황제에게 이러한 호칭을 부여하는 이는 오직 누가뿐이다. 본문에서 이 칭호의 용법을 주목한다면, 누가가 특별히 이 칭호를 사용하면서 'kurios'라는 단어가 갖는 정치적 뉘앙스를 표현하고자 했던 것이 아닐까 하는 의문을 갖게 된다. 누가가 다른 복음서 저자들과는 비교되게 예수를 그의 지상 생애를 묘사하면서 약 스무 번 그리고 사도행전에서는 마흔 번 이상 'kurios'라는 호칭으로 부르고 있다는 사실은 잘 알려져 있다. 누가는 사도행전 23:11에서, 예수가 바울의 용기를 북돋워주는 장면을 묘사하면서도 예수에게 이 칭호를 부여한다. 따라서 예수는 이 칭호를 가이사와 공유하고 있는 존재라는 점을 암시한다. 베스도의 발언 속에는 바울 사건 관련 기록의 사법적 성격을 드러내는 일련의 법률 관련 용어들이 집중적으로 나타나고 있다. 이를테면 '확실한', '데려오다(출두시키다)', '당신들 앞에', '심문' 등이 그런 표현들인데, 이런 어휘들은 저자가 이 부분 묘사에서 독특하게 드러내는 법률적 관심의 표시로 이해된다.

베스도는 죄수를 압송하면서 그 죄목을 제시하지 않는다는 것이 무리한 일이라 말하면서 자신의 연설을 끝맺는다. 저자는 곧이어 계속될 바울의 진술이 총독에게 사건의 설명서를 기록할 내용을 제공하게 되리라는 사실을 이런 식으로 예고하며 이어지는 그의 발언을 준비한다. 이제 바울의 자기변호를 검토할 단계다.

2. 아그립바 2세와 바울의 연설

이 부분은 서술의 구조와 윤곽의 측면에서 볼 때 바울 재판 관련 기록(행 21-28장)의 절정을 이룬다. 전체 바울 사건 묘사의 봉우리는 여기 나타난 바울의 연설로 구성되어 있다는 뜻이다. 저자는 그의 연설이 의례적 서언(2-3절)으로 시작되도록 배려하고, 곧이어 바울이 기독교인들을 박해하기까지 유대교에 뿌리를 깊이 박고 있었던 자신의 과거를 회고하도록 한다(4-11절). 그 다음 저자는 바울이 부활한 예수의 환상, 자신의 회심 및 사명에 대해(12-18절), 그리고 자신의 선교 활동에 대해(19-23절) 설명하도록 한다.

베스도가 바울의 연설을 이끌어내는 발언을 끝내자(행 25:24-27), 아그립바가 나서서 바울에게 말한다. "그대 자신에 관해서 말해도 좋소."(행 26:1) 베스도 총독이 모임을 주도하는 역할을 유대 왕에게 양보했을 리는 없었겠지만, 저자는 유대 왕을 존중한다는 의도에서 그 같은 발언을 하게 한 듯하다. '그대 자신에 관하여 말하다'라고 언급함으로써 아그립바는 이 연설의 전체적 주제를 개괄적으로 시사한다. 즉 바울의 연설은 '자기 자신에 관한' 발언인 셈이다.

그러자 바울은 '손을 쳐들면서' 자기 변론을 시작한다. "아그립바 왕이여, 유대 사람들에게 고소당한 모든 일에 관하여 오늘 제가 당신 앞에서 변명하게 된 것을 다행으로 생각합니다. 그것은 특히 당신께서 유대인의 풍속과 문제들을 모두 잘 알고 계시기 때문입니다. 부디 제 말을 끝까지 들어주시기 바랍니다."(행 26:2-3) 이것은 전형적인 '호의(好意) 끌기'다. 아그립바의 호의를 얻기 위해 바울은 매우 정중한 단어들을 사용한다. 바울은 유대인의 문화적 관습과 논쟁적 문제들을 잘 알고 있는 아그립바 앞에서 변명하게 된 것을 다행으로 생각한다는 다소 영합적 발언으로 자신의 연설을 시작한다. '유대 사람에게 고소당한 모든 일들에 관하여'라고 바울이 말하지만, 그에 대한 고소는 유대 종교에 관련된 것이다. 이 연설에서 구체적 고소 내용이 언급되지 않을 것이므로 변론은 신학적 문제에만 국한된다. '유대인의 풍속과 문제들을 모두 잘 알고 계시다'라는 표현은 유대교에 관한 아그립바의 인식을 강조하는데, 이는 유대 종교에 대해 별반 관심을 보이지 않는 로마인들과 대조된다. 비록 아그립바가 로마에서 성장하기는 했으나 유대와 관련된 문제에 대해 어느 정도의 지식을 갖췄을 것이라는 짐작은 가능하다. 로마 권력은 그에게 대제사장의 임명권을 위임했다. 게다가 탈무드에서는 아그립바 2세가 율법에 관심을 가지고 있었다는 증거가 발견되기도 한다. 그러므로 누가가 그리는 바울은 자신의 연설을 통해 아그립바와의 사이에 문화적 연대의식을 확인하고 그것을 좀 더 돈독히 하려는 의지가 있었던 것으로 추정된다. 그러한 유대는 두 사람 모두 이스라엘 민족의 일원이라는 공통분모에 근거한 것이었고, 이 동족의식이 상호교감의 폭을 넓힐 수 있는 기초가 되었다. 이러한 종류의 교감과 이해의 교류는 이방인 총독과의 사이에서 생기기 어려웠을 것이다. 그렇기 때문에 바울은 자신의 변론이 그 이해의 토대 위에서 보다 나은 설득력을 얻을 것이라 믿어, 아그립바를 향한 호소의 방향을 '유대에 관한 그의 깊은 인식'에 두고 있는 것으로 볼 수 있다.

바울의 변론은 먼 과거 사실로부터 소급해서 시작한다. 그는 자신의 과거를 거론한다. "제가 처음부터 동족과 더불어 예루살렘에서 지낸 저의 어릴 때부터의 생활은 모든 유대 사람들이 다 알고 있습니다. 그들이 처음부터 저를 알고 있느니만큼 제가 우리 종교의 가장 엄격한 파에 속하여 바리새파 사람으로 살았다는 것을 그들이 원하기만 하면 증언할 수 있을 것입니다."(행 26:4-5) 바울은 자신이 유대교에 충실함을 강조한다. 그는 유대교의 가장 엄격한 파에 속하여 바리새파 사람의 생활을 했다는 자신의 정체를 확실하게 밝힌다. 유대인들이 마음만 있다면 그 사실을 확인하고 이에 대해 증언할 수 있다는 것이다. 여기서 회고된 그의 젊은 시절은 이미 앞에서 제시된 성전 앞 연설에서 묘사된 것(행 22:3)과 같지 않다. 아마도 논증의 필요 때문에 바울은 자기 정체의 신학적 측면 즉 '가장 엄격한 파'의 일원이라는 사실을 부각시켰을 것이다. 여기서 바울은 사도행전 22:3에서와는 달리 '다소' 출생임을 밝히지 않는다. 그렇게 해서 처음부터 동족 가운데서 살았다는 사실을 강하게 부각시킨다. 자신이 유대 민족의 일원임을 강조하고 있는 것이다. 그뿐 아니라 '동족 가운데'라는 말 뒤에 '예루살렘에서'란 말을 덧붙임으로써, 바울은 젊은 시절을 유대인들의 종교 중심지인 예루살렘에서 보냈다는 사실을 강조한다.

누가가 예루살렘을 매우 중시하고 있음은 자주 지적된 바 있다. 저자에게 예루살렘은 이스라엘의 거룩한 역사의 중심지였다. 누가는 스데반의 입술을 통해 하나님이 자신의 백성이 예배할 장소로 예루살렘을 선택했다고 선언한다.(행 7:7) 누가복음서의 앞부분은 예루살렘을 하나님이 백성의 구원을 성취할 거룩한 도시로 제시한다.(눅 2:38) 누가복음서의 예수가 처음으로 입을 열어 말을 한 곳 역시 예루살렘의 성전 안이다.(눅 2:49) 예수의 삶에 관한 누가의 모든 서술은 예루살렘으로의 지속적 움직임과 명백한 지향을 보여준다. 누가복음서의 주요 부분은 예루살렘 상경을 중심으로 구성되었으며,

이를 반복적으로 언급한다.(눅 9:51, 53, 13:22, 33, 34, 17:22, 18:31, 19:11, 28) 마태복음서나 마가복음서와 달리 예수가 부활한 후 나타난 곳도 예루살렘이고, 복음서가 끝나는 곳 또한 예루살렘이다.(눅 24:53) 복음서에 이어 사도행전에서도 예루살렘은 선교의 출발지, 즉 복음화의 새로운 기운이 퍼져나가는 중심지로 제시된다. 이렇게 예루살렘은 누가에게 하나님의 계획이 밝혀지는 특별한 장소다. 따라서 바울은 자신이 '예루살렘에서' 지냈음을 말함으로써 '유대교의 한복판'에서 지내왔음을 강조하는 것이다.

또, 사도행전 22:5에서 바울은 '대제사장과 모든 장로'를 자신의 과거에 대한 증인으로 언급했음에 반하여, 여기서는 '모든 유대인'이 자기가 바리새파 사람으로 살았음을 알고 있다고 말한다.

'가장 엄격한'이란 용어를 차용함으로 바울은 아무도 부정하지 못할 정도로 모두가 안다는 그의 인생 첫 사회 참여의 '신학적' 측면을 더욱 강조한다. '바리새인으로 살다'라고 말하는 것은 저자가 구사하는 표현상 점층법의 일환임을 주의 깊게 살필 필요가 있다. 저자가 바울로 하여금 자신의 정체를 단계적으로 밝혀가게 한다는 것이다. 사도행전 22:3에서 바울은 '나는 유대인으로서' '가말리엘 문하에서' 교육을 받은 사람이라고 밝힌다. 이어서 23:6에서는 '나는 바리새파 사람이며 바리새파 사람의 아들'이라고 스스로를 정의한다. 마지막으로 이곳에서 바울은 '일생 동안' '바리새파 사람으로 살았다'고 말한다. 이와 같이 그는 항상 바리새파 사람으로서 바리새적 생활방식으로 살아왔음을 여러 측면에서, 그리고 점차 강도를 높여 강조한다.

6-8절에서 바울은 비시디아의 안디옥에서 행한 연설에서 다루었던 주제인 하나님의 약속에 대한 논의(행 13:32-39)를 다시 펼친다. 이것은 죽은 자들의 부활에 관한 문제를 취급하는 것이다. 누가가 '부활 주제'에 매우 중요한 의미를 부여하고 있다는 사실이 여기서 다시 한 번 더 확인된다. 이 부활 주제는 나중 23절에 나타날 예수의 부활을 이야기하기 위한 서론으로 세심히 준비된 것이다. 바리새파 사람이라는 자신의 정체를 밝힌 뒤에 이 주제에 접근함으로써 바울은 이 논의가 바리새파의 믿음에 속한 것이라는 사실을 암시한다. 그가 가진 믿음은 유대인들의 희망과 부합한다는 것이다. 바울은 이렇게

자신의 증언이 다른 유대인들의 증언과 단절된 것이 아니라는 점을 뚜렷이 한다.

바울은 자신이 재판정에 서게 된 이유가 '약속에 대한 희망' 때문이라고 선언한다. 이 약속은 죽은 자들의 부활로 요약된다. "지금 저는 하나님께서 우리 조상들에게 주신 약속에 대하여 희망을 가지고 있기 때문에 여기 서서 재판을 받고 있는 것입니다. 우리 열두 지파는 밤낮 열심히 하나님을 섬기면서 그 약속이 이루어지기를 바라고 있습니다. 왕이여, 저는 이 희망 때문에 유대인들에게 고소를 당하고 있습니다. 하나님께서 죽은 자들을 다시 살리신다는 것이 여러분에게는 왜 믿을 수 없는 일로 생각됩니까?"(행 26:6-8) 바울이 여기서 사용한 '우리 조상들'이라는 표현은 유대인들의 일상 언어에서 '아브라함과 이삭과 야곱'을 의미한다. 또 '열두 지파'라는 말은 상징적으로 유대 민족을 가리킨다. 이 명칭이 유대 민족을 의미하려고 사용된 곳은 누가에게 이곳 한 군데밖에 없다. 유대 민족은 열두 지파로 이루어졌으나, 그 열두 지파는 오래전부터 흩어져 있어 상징적 의미만 가질 뿐이었다. 바울이 여기서 '우리 조상들', '열두 지파'를 언급한 것은 유대 백성과 바울 자신이 유대교의 유산인 같은 전통,

같은 희망을 공유하고 있음을 상기시켜 동질성을 강조하려는 의도다.

8절("하나님께서 죽은 자들을 다시 살리신다는 것이 여러분에게는 왜 믿을 수 없는 일로 생각됩니까?") 표현에서 주목할 것은 죽은 자들을 부활케 하시는 하나님의 생명을 주는 힘에 대한 믿음이다. 부활을 하나님의 능력에 대한 믿음의 증거 또는 기준으로 의도적으로 고정시킨다. 여기서 바울은 '죽은 자들'이라는 표현을 예수의 죽음을 염두에 두고 말한다. 누가는 바울로하여금 죽은 자들의 일반적 부활을 당연한 사실로 드러내게한 다음, 예수 부활이라는 특수한 문제로 논증의 방향을 좁혀예수 부활을 기정사실화하는 어법을 구사한다. 거기서 의문문을 통한 반문이 말의 유효성을 높이는 기능을 한다.

그런데 이 본문 기록에서 8절과 9절 사이 어조의 변화에관심을 기울일 필요가 있다. 얼핏 살피면 연설의 연결이 그렇게 자연스러워 보이지 않는 게 사실이다. 8절까지 유대인으로서의 자기 과거에 대해 이야기하던 바울은 9절에 이르러 갑자기 자신의 회심에 관해 언급한다. 따라서 이러한 화제의 변화가 의아스러울 수 있다. 그러나 저자는 스스로가 느끼는 나름대로의 서술 논리에 따라 바울이 자신의 종교적 행로에 대해 자세히 밝혀나가도록 만들었을 가능성이 있다. 즉 어떻게 부활을 믿는 바리새파 사람인 바울이 부활한 예수를 믿는 기독교인들을 박해할 수 있었는가? 그리고 어떻게 기독교인들의 박해자였던 그 자신이 기독교인이 될 수 있었는가?라는 질문들에 대해 나름대로의 답변을 준비하게 했다는 것이다. 달리 말해, 바울은 부활에 대한 희망의 절정이 어떻게 예수라는 인물 속에서 완전히 실현될 수 있었는가를 보여주어야만 했다. 그렇기 때문에 바울은 자신의 개인적 경험을 부활에 대한 믿음에 적용시킴으로써 예수의 부활에 대한 믿음을 정당화할 수 있었다는 것이다.

3. 바울의 회심 이야기

이제 누가의 서술은 바울의 회심/소명에 관한 세 번째 이야기를 펼쳐나가고자 한다.(행 26:9-18) 저자가 이 사건을 행 9장, 22장에 이어 세 번씩이나 반복하여 진술하고 있다는 사실은 그가 이 사건에 부여하는 중요성을 분명히 보여준다. 저자가 '세 번의 반복'이라는 문학적 기교를 사용하여 이 사건을 강조하는 주요 이유 중 하나는, 복음이 유대인들로부터 이방인들에게 넘겨진 것은 인간의 계산이나 의지에 의해서가 아니라 하나님 자신이 구상한 계획의 실행이라는 점을 보이려는 것이다. 즉 누가는 바울 회심 기록을 통해 이방인 선교가 구약의 역사적 성취라는 사실을 증명하려 노력한다.

사도행전 26:9-11에서 바울은 기독교인의 박해자였던 자신의 활동에 대해 진술한다. 여기 그려진 박해자 바울의 초상화는 바울 자신이 서신 속에서 서술한 표현과 대체로 부합한다.(갈 1:23, 빌 3:6) "실은 나 자신도 나사렛 예수의 이름을 반대하는 많은 일을 하는 데 힘을 다해야 되겠다고 생각했습니다. 그래서 그러한 일을 예루살렘에서 행했습니다. 나는 대제사장들에게서 권한을 받아 많은 성도들을 옥에 가두었으며 그들이 죽임을 당할 때 그 일에 찬동하는 투표를 했습니다. 그리고 모든 회당에서 여러 번 그들을 형벌하면서 강제로 모독하는 말을 하게 했습니다. 그들에 대한 분노가 극도에 달하여 나는 외국 여러 도시에까지 가서 박해를 하였습니다."(행 26:9- 11) 이 글에서 박해자 바울의 지난 활동이 요약된다. 먼저 그는 예수의 이름에 반대하여 행동했고

(9절), 이방 도시에까지 가서 성도들을 박해했다(11절)고 한다. 이러한 박해 행위는 구체적으로 '가두다', '투표하다', '강제로 행하게 하다' 그리고 '박해하다' 등의 다양한 동사에 의해예증된다. 누가가 이런 동사들을 활용한 것은 박해자 바울의모습을 좀 더 극적인 색깔로 채색하여 연설의 설득력을 높이려 했기 때문이다. 한편, 사도행전에 나타난 바울의 박해와 관련된 세 개의 텍스트를 비교해보면(행 8:3, 22:4, 26:10-11) 그의 박해 행동 묘사에서 규모와 폭력성이 점점 증가되게 그려지고 있음을 발견한다. 바울 그림의 색채가 점점 어둡게 나타남과 동시에 그의 어두운 과거행적에 대한 반성과 후회가 극적으로 강화되어 제시되는 것이다.

여기서 저자가 기독교인들을 '성도(聖徒)들' 곧 '거룩한 이들'이란 말로 표현한 것은 바울의 '유죄성'과 그가 괴롭혔던 사람들의 '거룩함, 경건함'을 대조해서 강조하려는 의도로 파악된다. 이 명칭은 군중 앞에서 행해졌던 바울의 사도행전 22장성전 계단 연설에서는 사용되지 않았다. 어쩌면 누가는 이 명칭이 성전 앞의 유대인들을 자극하리라 고려했을 수 있다. 그러나 아그립바 면전에서는 그가 바울 자신의 말을 우호적으로 들어줄 수 있을 것이라는 기대를 가졌음직도 하다. 그렇기 때문에 저자는 '성도'라는 용어를 바울이 사용하게 했을 것이다. '그들이 죽임을 당할 때 그 일에 찬동하는 투표를 했다'는 표현에서, 초기에 발생한 박해로 인해 순교를 당한 사람들에 대한 암시를 엿보게 된다. 그렇지만 사도행전을 포함한 어떤 문서에서도 스데반과 야고보(아그립바 1세 치하, 주후 41-44년)의 순교 이외에 다른 기독교인들의 처형에 관한 서술은 존재하지 않는다. 이러한 박해의 묘사와 관련하여 여기 등장하는 '반대하여 투표하다'라는 표현은 사도행전 8:1에서 스데반의 죽음에 대한 서술 가운데('그의 죽임을 마땅히 여기다') 그 반향(反響)이 발견된다. 누가는 바울로 하여금, 그가 기독교인들을 '유대 밖 이방 여러 도시에까지' 쫓아갔다고 말하게 한다. 그러면서 바울 자신의 잔인한 행동을 더욱 돋보이게 한다. 이전 기록에는 바울이 예루살렘에서 곧바로 다메섹으로 갔다고 말한 적이 있다.(행 22:5, 참고 행 9:2) 그러나 여기서는 '외국의 다른 도시에까지' 쫓아갔다고 한다. 이 점 또한 회심에 관련된 다른 서술들에 비해 26장의 서술 강도가 증가되었음을 보여준다. 저자가 이렇게 바울의 초상화를 예수의 이름에 대한 완강한 적대자의 모습으로 부각시키는 이유는 그의 회심의 극적 성격과 그 의미를 한층 강조하기 위함이다.

12절부터 저자는 다시 한 번 부활한 예수의 나타나심에 관해 서술한다. 그리스도의 등장 이야기를 통해 저자는 바울의 회심에 얽힌 대단히 인상적인 장면을 진술하게 된다.(행 26:12-18) "그리하여 제가 대제사장들로부터 권한과 위임을 받아 다마스쿠스로 갔습니다. 왕이시여, 정오가 되었을 때에 제가 길을 가는 도중 하늘로부터 해보다 더 눈부신 빛이 나타나 저와 동행들에게 둘러 비추는 것을 보았습니다."(행 26:12-13) 앞서 사도행전 22:6의 기록에는 바울을 감싼 것이 '큰 빛'이었다고 진술되는데, 이번에는 그 빛이 한층 더 강조된다. '해보다 더 눈부신 빛'이었다는 것이다. 게다가 '정오'라고 명확한 시간을 밝힘으로써 저자는 하늘에 나타난 빛의 눈부심을 더욱 강조한다. 이전의 서술과는 달리 빛이 바울뿐 아니라 그의 일행도 감싸고 있다는 점도 주목된다.

바울은 계속해서 말한다. "우리가 다 땅에 엎드러졌는데 그때 저는 히브리말로 '사울아, 사울아, 어찌하여 네가 나를 박해하느냐? 가시 돋친 채찍을 뒷발질하는 것은 고통스러운 일이다'라고 제게 말하는 소리를 들었습니다."(행 26:14) 바울이 들은 음성이 '히브리말'로 들렸다는 점은 다른 두 회심 관련 서술에는 언급되어 있지 않다. 바울은 이어서 그리스도의 음성을 통해 들은 바를 직접인용 형식으로 묘사한다. 저자는 바울이 인용하는 예수의 말 속에 그리스인들에게 잘 알려졌던 속담 하나를 삽입한다. '가시 돋친 채찍을 뒷발질하는 것은 고통이다.' 이것은 농부가 버티는 소를 막대기로 찌른다는 농경생활에서 취한 은유이다. 이런 은유를 통해 누가는 그리스도에게 저항하는 자는 막대기에 대항하여 뒷발질을 하면서 무언가를 이루었다고 생각하는 소(牛)와 같다는 사실을 표현한다. 그러면서 저자는 그리스도에 대한 저항이 덧없는 것임을 일상의 속담과 같은 대중적 표현방식으로 강조한다.

바울이 전하는 자신과 부활한 예수 사이의 대화는 계속된다. "제가 '주님, 당신이 누구십니까?' 하고 물었습니다. 그러자 주님이 대답했습니다. '나는 네가 박해하는 예수다.'"(행 26:15) 여기서 다시 예수가 '주'란 호칭으로 불린다. 이 호칭은 구약 70인역의 예언자 소명 텍스트에 사용된 같은 단어의 반향으로 생각될 수 있다. 사도행전 22장에서와 마찬가지로 역시 이곳에서도 '예수'와 '박해받는 기독교인들'은 동일시된다. 그리고 그 동일화는 박해가 매개가 되고 있다. 물론 여기서 박해 속에 기독교인은 예수와 하나가 된다는 점을 지나치게 강조하여 '박해의 신학'을 과장할 필요는 없을 것이다. 그렇지만 누가 당시의 기독교인들이 직면했을 수도 있는 박해, 특히 예루살렘 파괴를 알고 있던 교회공동체가 박해 속에서 예수와 한 몸이 된다는 의식을 새롭게 강조하며 자신들을 돌아볼 수 있는 계기로 삼았으리라 추정하는 것은 자연스럽다. 그것은 예수와 동일화되는 것을 최고의 이상으로 삼았을 초기 기독교인들의 모습을 그려볼 때 더욱 그러하다.

누가 기록 속 예수는 말한다. "일어나라. 그리고 너의 발로 서라. 내가 네게 나타난 목적은 너를 내 일꾼으로 삼아 네가 나를 본 것과 내가 장차 네게 보여줄 일에 대한 내 증인이 되게 하는 것이다. 나는 이 백성과 이방인들 가운데서 너를 건져내어 이방인들에게 보낸다. 이는 그들의 눈을 열어 어두움에서 빛으로 돌아서고, 사탄의 권세에서 하나님께로 돌아서게 하고, 또 죄 용서함을 받아 나를 믿는 믿음으로 거룩하게 된 사람들 가운데 참여하게 하려는 것이다."(행 26:16-18) 다마스쿠스 사건에 대해 이전에 했던 다른 두 기록에서(행 9:6, 10-17, 22:10, 12-16), 누가는 부활한 예수의 뜻을 '아나니아'란 인물을 통해 전달하게 한다. 그러나 여기서는 구약에서 하나님이 예언자들을 직접 부르고 보내는 것처럼, 예수가 직접 바울에게 말하는 것으로 나타난다. 마치 예언자의 소명, 파송을 연상시키는 상황을 바울의 경우에 적용하고 있는 것이다. 누가는 예수가 아나니아에게 했던 말과 아나니아가 바울에게 한 말(행 9:15, 22:14)을 여기서는 예수가 직접 말하는 것으로 서술하고 있다. 저자는 예수가 바울에게 나타난 이유를 다음과 같이 밝힌다. "너로 하여금 내 일꾼으로 삼아 네가 나를 본 것과 내가 장차 네게 보여줄 일에 대한 내 증인이 되게 하기 위해서"라는 것이다. 두 용어 '일꾼과 증인'은 누가가 파악한 바울의 정체가 갖는, 더 나아가 '사도'란 직분이 갖는 이중적 특성을 지적한다. 사도행전에서 바울은 예수에게 '직접' 사명을 받은 유일한 일꾼이다. 누가는 바울에게, 바울 자신이 선호하며 종종 스스로를 일컬어 사용하는 '사도'라는 호칭을 부여하지 않고, 열두 제자를 가리킬 때와 같이 '증인'이란 이름을 부여한다. 누가에게 '증인'이란 무엇보다 예수의 부활과 관련하여 사용되고 있다는 점은 잘 알려진 사실이다. 따라서 예수에 관한 증언은 우선적으로 그의 부활에 관한 증언이 된다. 열둘은 그의 '부활'의 증인이었던 것이다. 본문과 같은 회심/소명 기록으로 보아 이제 바울도 예수 부활의 증인이 될 수 있다. 왜냐하면 부활한 예수를 바울이 직접 목격했기 때문이다. 거기다 누가는 그의 증언이 가지게 될 '미래적 요소'(네게 보여줄 일)를 덧붙인다. 저자는 이처럼 기독교 공동체 안에서 바울이 차지했던 역할의 중요성을 다각적으로 부각시킨다.

이러한 사도의 역할을 위해서 바울은 '그의 백성과 이방 사람들' 가운데 선택되었다는 것이다. 여기에 그의 사명 수행을 위한 '대상자'들이 명시적으로 밝혀진다. 이방인들뿐만 아니라 유대 백성도 이에 포함된다. 이 표현에서도 역시 이방인 지향이 유대인 포기를 의미하는 것이 아니라는 점이 지적된다. 바울을 '보낸다'는 표현이 현재시제로 되어 있는데, 이것은 그의 사도직이 이 순간부터 시작된다는 것을 뜻한다. 이처럼 바울이 맡은 역할의 시작을 생생한 현재시제로 알린다는 것은 그가 맡은 사명이 중요하다는 점을 달리 강조하는 것이요, 그의 역할과 사명에 대한 또 다른 의미 부여로 이해할 수 있다.

18절에서 바울에 의하면 예수가 그에게 자신의 임무가 무엇인지 말했다고 한다. 그것은 '그들의 눈을 여는 것'이다. 저자는 여기서 회심 현상을 '눈 먼' 상태에서 '보는' 상태로의 이행이라는 은유를 통해 표현한다. 이것은 누가의 기록에 따르면, 부활한 예수가 나타날 때에 바울이 직접 체험한 바이기도 하다. 여기서 '눈을 연다'는 것은 이를테면 사물을 '새롭게' 볼 뿐만이 아니라 '새로운 다른 것'을 보는 차원을 시사한다. 이 이행과정은 두 개의 이미지로 형상화된다. 첫째, 어두움에서 빛으로 돌아섬, 둘째, 사탄의 권세에서 하나님에게로 돌아섬이 그것이다. 이러한 두 차원의 '돌아섬'이 회심의 본질을 구성한다는 이해가 저자에게 있었던 것이다.

4. 증언 활동에 관한 바울의 진술

부활한 예수가 자신에게 나타나 전했던 계시 내용을 위와 같이 요약한 바울은 다시 아그립바에게로 말머리를 돌린다. "그러므로 아그립바 왕이여, 저는 하늘로부터 오는 환상을 거스르지 않고 먼저는 다메섹에 있는 사람들에게, 다음은 예루살렘과 유대 온 지방 사람들에게, 나아가서는 이방 사람들에게까지 회개할 것과 하나님께 돌아와서 회개에 합당한 일을 행할 것을 전했습니다."(행 26:19-20) 누가의 묘사 속 바울은 어떻게 자신이 예수의 부름에 복종했는지를 회고하면서, 환상에 충실했다고 말한다. 환상에 충실하다는 것은 유대인들과 이방인들에게 증언을 하는 것이었고, 그의 증언 내용은 다음과 같은 것들이었다. '회개할 것, 하나님께 돌아올 것, 그리고 회개에 합당한 일을 행할 것.' 누가에게 회심은 '하나님께로 돌아서는 것'이다. 다시 말해 어떤 심리적 전향이나 정신의 쏠림을 일컫는 내면적 움직임을 말하지 않고 있다는 뜻이다. 그것은 어떤 한 '인격'에 대하여 입장을 정하는 것이고, 그 인격과 관련된 태도를 표명하는 것이다. 즉 '하나님을 향하여 돌아서기', 하나님이라는 인격과의 관련성에 강조점이 있다는 것이다. 이 점이 회심에 대한 누가의 기본적 이해다.

저자는 바울의 활동을 요약하면서 그의 움직임을 지리적으로 파악한다. '다마스쿠스, 예루살렘, 유대 온 지방 그리고 이방'의 사람들에게 전했다는 것이다. 이것은 사도행전 1:8 ('예루살렘, 온 유대, 사마리아, 땅 끝까지')에 나타난 누가의 기본

지리적 구도를 상기시킨다. 물론 그 기본구도가 정확히 여기서 제시된 것은 아니지만, 양자가 전혀 상관없는 것도 아니다. 본문의 바울 행적의 대체적 윤곽이 사도행전 1:8의 지리학에 자연스럽게 포개지고 있다는 것이다. 바울의 행적을 묘사하면서 저자의 뇌리에는 자신이 처음 상정한 복음의 지리적 확장이 바울의 활동을 통해 이룩되었다는 전제가 작용된 것이 아닌가 추정할 수 있다. 본문의 표현이 그러한 추정의 근거가 된다.

이제 누가는 바울의 과거 행적을 체포에 연결시킴으로써 변론을 결론으로 이끌어갈 준비를 한다. "그 일들 때문에 유대 사람들이 성전에서 저를 잡아 죽이려 했습니다."(행 26:21) '그 일들 때문에'라고 말하면서 바울이 체포된 이유가 제시된다. 그렇다면 이 구절의 직접적 문맥을 감안할 때, 바울이 고소를 당한 것은 '증언 행위'를 했기 때문이지, 성전을 더럽혔기 때문이 아닌 것으로 이해된다. 누가는 다시 한 번 쟁점이 유대교 내부의 신학적 대립에 있을 뿐이라고 단정하면서 다른 방향에서의 혐의, 예컨대 정치적 연관이나 민감한 사회상의 반영과 같은 예민한 문제들과는 거리가 있다는 것을 드러내고 있다. '바울에 대한 유대인들의 적대감'이라는 바울 체포의 근본 이유를 누가는 이 같은 종교적 언어로 포장하고 있는 것이다.

이런 방식으로 저자는 바울이 체포된 동기를 신학적 구도 속에서 해명하는 것과 동시에, 바울이 현재 아그립바 앞에 출두한 사실 역시 같은 신학적 동기와 관련지으려 한다. 즉, 바울은 선교 활동을 할 때 생명의 위협을 느끼던 여러 순간에 임했던 하나님의 도움을 부각시키고, 자신의 증언의 성격을 강조하는 것이다. "이날까지 제가 하나님의 도움을 받아 이렇게 서서 작은 자와 큰 자에게 증거하고 있는데, 예언자들과 모세가 장차 그렇게 되리라고 말했던 것 외에는 말한 것이 없습니다. 그것은 그리스도가 고난을 당해야 하고 그가 죽은 자들 가운데서 제일 먼저 살아나서 이스라엘 백성과 이방 사람들에게 빛을 선포하리라는 것이었습니다."(행 26:22-23) 바울은 자신의 설교가 모세와 예언자들의 가르침에 부합한다고 설명한다. 주인공 바울의 이런 발언을 통해 누가는 '기독교 신앙'이 '이스라엘 신앙' 안에 위치하고 있음을 납득시키려 한다. 바울은 자신이 구약에 덧붙여 말한 것이 아무것도 없음을 입증하기 위해, 자기가 선포한 모든 것이 성서에 기록돼 있다고 주장한다. 그리고 그 선포는 다음 세 가지로 요약될 수 있다고 해명한다. 즉, 1) 그리스도는 고난을 당해야 한다는 것, 2) 그는 부활해야 한다는 것, 3) '빛', 다시 말해 구원의 메시지가 이스라엘과 이방민족을 포함한 전 세계에 전파되어야 한다는 것이다. 누가는 이것들을 기독교 논증의 실질적 핵심으로 간주하여 그것을 바울의 입을 통해 말하게 한다. 그만큼 여기서 저자가 제시하는 논지는 구약에 대한 기독교적 파악의 정곡을 찌르고 있는 것이다. 어쩌면 이 세 요점이 구약으로부터 기독교적 의미를 끌어내는 데 작용했던 누가의 구약 해석학 원칙이라고 말할 수도 있다. 바울의 발언을 통해 나타난 이 원칙은 초기 기독교인이 이해한 구약과 기독교 메시지의 관계 해명의 중요 지침이라 할 수 있다.

22절에 나타난 '작은 자와 큰 자'라는 표현은 전형적인 히브리 성서적 어법이다. 이 상투적 표현은 사회적 지위와 계급(낮은 자와 높은 자)을 의미할 수도 있고, 아니면 연령 계층(젊은이나 늙은이)을 의미할 수도 있다. 여하튼 이 두 단어의 합성은 인간 전체를 총체적으로 지시하는 말이 된다. 여기서는 바울의 설교가 천한 자나 사회적 지위가 높은 자를 불문하고 모든 사람을 향한 것이라고 주장하려는 저자의 의도가 반영되었을 것이라고 볼 때, 첫 번째의 '사회적 의미'가 그 뜻을 더 적절하게 드러내는 듯하다. 특히 여기서 '큰 자'들이란 바로 베스도나 아그립바, 버니게 그리고 바울의 청중을 이루고 있는 그들의 주변 인물들과 같은 고위인사들로 파악되는 것이 자연스럽다.

한 가지 본문에서 주목할 중요한 점은 23절에 나타나듯이, 복음은 '이스라엘 사람과 이방 사람들' 모두에게 빛으로 선포되리라는 바울의 발언이다. 유대인이 배제된 이방인들만의 빛이 아니라는 것이다. 이 점은 사도행전 전편에서 발견되듯, 유대인이냐 이방인이냐의 양자택일의 신학적 선택이 무의미함을 입증하는 요소 중 하나로 간주된다. 비록 복음이 이방인에게 전파되지만(행 28:28) 유대인이 배제되는 것은 아님을 거듭 지적해야 할 것이다.

사도행전에 서술된 바울의 '마지막 긴 연설'의 끝 부분은 그렇게 끝난다. 엄밀한 의미의 연설은 이것이 마지막이다. 이후에는 단지 이 글을 마무리 짓기 위한 지극히 엄숙하면서도 짤막한 선언만이 있을 뿐이다.(행 28:25-28) 팔레스틴에서 이뤄진 그의 재판 과정 중 절정을 이루는 이 연설은 베스도의 개입으로 돌연 중단된다. 이 같은 연설의 갑작스런 중단은 누가가 즐겨 사용하는 문학적 기법 중 하나다.(행 10:44, 22:22, 어쩌면 5:33, 7:54) 이전에는 바울의 연설이 유대인들에 의해 중단되었는데(행 22:23, 23:7), 여기서는 총독이 연설을 중단시키기 위해 개입한다. 유대식의 논증법이나 아니면 바울의 박학한 성서 지식 때문에('네 많은 지식'이라고 총독이 표현 – 행 26:24) 베스도가 어리둥절했으리라고 이해한다 하더라도, 이렇게 연설을 중단하게 하는 것은 그리 자연스럽지 않다. 왜냐하면 유대 종교에 관련된 이 송사(訟事)에 대해 정보를 얻고자 한 이는 바로 베스도 자신이었기 때문이다.(행 25:19, 20, 26) 베스도는 아그립바가 이 사건의 종교적 측면에 대해 정보를 얻도록 그대로 두고, 그로부터 필요한 조언과 판단의 근거를 얻을 수 있었음에도 돌연 개입하여 바울의 연설을 중단시킨 것이다. 바울 연설의 전개 중 이곳 이외에도 여러 군데(예를 들어, 행 26:6-8, 18, 23 같은 구절들) 베스도가 개입할 수 있었던 기회가 있었을 것이지만, 그렇지 않고 저자의 판단에 의해 바로 이곳에서 바울 연설을 중단시킬 필연적 이유가 있었을 경우, 저자는 바울이 이 장면에서 발언할 내용이 모두 충분히 전달되었다고 보았을 것이다.

여기서 바울의 연설을 중단케 했던 말, 곧 바울과의 사이에 짤막하면서도 격한 대화를 불러일으켰던 베스도의 말은 다음과 같다. "바울이여, 당신은 미쳤소. 당신의 많은 학문이 당신을 미치게 했소."(행 26:24) 그의 말 중 '미치다'라는 표현은 결정적이고 병리적인 '광증(狂症) 상태'를 가리키는 것이 아니라 일상적 의미에서 단순히 '정신 나갔다'라는 완화된 뜻으로의 '미치다'를 뜻할 것이다. 베스도는 바울의 '많은 학문'('우월한 학문'의 뜻)이 그를 미치게 했다고 말한다. 본문의 '많은 학문'은 무엇보다도 성서 지식에 관련된 것이다. 저자는 바울이 연설(특히 17-18절)에서 원용한 에스겔, 예레미야 등의 예언서 텍스트를 염두에 두고, 그러한 것들을 알고 있는 바울을 빗대어 '너의 많은 학문'이라고 베스도로 하여금 말하게 한다.

베스도의 이 말에 바울은 다음과 같이 대답한다. "베스도 각하, 저는 미치지 않았습니다. 저는 참되고 정신 차린 말들을 하고 있습니다."(행 26:25) 바울은 지금까지 사도행전 26:2-23에서 했던 자신의 말이 '참말'이며 '정신 차려서 한 말'이라고 단언한다. 여기서 저자는 '미치다'라는 말과 '정신 차린'이란 말을 대조시켜 이야기하게 한다. 그렇게 해서 바울 주장의 진정성, 신빙성, 진실성 등을 강조하는 것이다.

그런 다음, 바울은 베스도를 향하던 말머리를 갑자기 아그립바를 향하여 돌린다. "왕께서는 이 일들을 잘 알고 계시므로 제가 왕께 거리낌 없이 말씀드리고 있는 것입니다. 왕께서는 그 어느 일 하나라도 모르실 리가 없다고 생각합니다. 이 일은 어느 한 구석에서 이뤄진 것이 아니기 때문입니다. 아그립바 왕이여, 예언자들을 믿으십니까? 믿으시는 줄 압니다."(행 26:26-27) 바울이 갑자기 아그립바 왕을 향하는 이유가 무엇일까. 그것은 저자의 판단에 이방인 총독은 종교적 문제에 관해 잘못 이해할 수도 있으나, 아그립바는 바울과 같이 자기 나라의 종교인 유대교를 잘 알고 있을 터라(행 26:3) 오해하지 않으리라 생각해서 왕을 향해 말하게 했을 것이다. 바울은 로마인 총독과의 사이에는 있을 수 없는 왕과의 특별한 종교/문화적 연관관계를 다시 한 번 거론하는 것이다. 게다가 왕은 이 같은 일들을 잘 알고 있고, 그 어느 사실 하나라도 놓칠 리가 없다는 것이다. 그리고 바울은 '이 일이 어느 한 구석에서 이뤄진 일이 아니라'는 대단히 주목할 발언을 제시한다. 여기서 '이 일들' 또는 '이 일'은 구체적으로 무엇을 뜻할 것인가? 그것은 바울이 이미 사도행전 26:23에서 언급한 사실들, 즉 예수의 고난과 부활, 그리고 '빛'의 선포 등을 가리킬 것이다. 이 모든 것은 예루살렘과 유대와 온 세계에서 누구나 다 아는 사실이라는 것이다. 어떤 특정 지역의 국지적 예외 현상으로 기독교를 파악해서는 안 된다는 저자의 메시지가 담겨 있다. 그뿐 아니라 이 말은 교회의 출발과 확산을 개방된 세계의 지평 속에서 기정사실화하려는 의도가 스며 있는 표현이다. 이처럼 저자는 기독교의 탄생과 성장, 발전이 '공공연하게' 그리고 넓은 세계 속의 보편적 현상으로 이뤄진 일임을 확증하고 있다.

유대 왕에게 던지는 바울의 예언자 관련 질문("당신은 예언자들을 믿으십니까")은 다분히 의도적이고 전략적인 것이다. 바울은 왕이 기독교에 대한 사실들을 잘 알고 있다고 말한 뒤 곧바로 예언자들에 관해 질문을 한다. 그런데 바울은 방금 전 예언자들이 그리스도의 고난과 부활을 예언했다고 주장한 바 있다.(행 26:22-23) 그렇다면 아그립바에게 "당신은 예언자들을 믿으십니까?"라고 묻는다는 것은 자신의 그리스도 관련 증언의 진실성을 인정하기를 요구하는 것과 마찬가지다. 만일 아그립바가 전통에 충실한 바람직한 유대인이라면, 그는 반드시 예언자들을 믿어야만 한다. 따라서 바울은 이 질문에 대해 자기 자신이 대답을 한다. '믿으시는 줄 안다'는 것이다. 그러므로 이 표현은 '나는 압니다, 비록 당신은 그것을 고백하기를 원하지 않는다 하더라도 말입니다'라는 뉘앙스가 담긴 말이다. 왕의 유대교 신앙의 실체가 어떠한 것이든, 저자는 아그립바를 바울의 증언과 다르지 않은 견해를 가진 바람직한 유대인으로 묘사하고 있는 셈이다.

바울의 논증 내용은 요컨대 다음과 같은 것들이다. 1) 예언자들과 모세가 그리스도를 예언했다. 2) 따라서 예언자들을 믿는다는 것(27절 참조)은 그리스도를 믿을 수 있음을 의미한다(22절). 이러한 바울의 논증을 듣고 있던 아그립바는 돌연 자신이 바울의 논리 속에 갇히게 된 것을 발견한다. 아그립바는 긍정으로도 부정으로도 대답할 수 없는 미묘한 상황에 놓이게 된 것이다. 이때 아그립바는 그 유명한 답변으로 바울에게 응수한다. "당신이 짧은 시간에 나를 설득하여 그리스도인으로 만들려 하시오?"(행 26:28) 이 모호한 표현에 대한 해석은 다양하다. 예컨대, 왕이 바울의 집요한 논리를 피하기 위해 반(半)은 진지하고 반은 익살스러운 어조로 던진 이 대답 속에는 그의 거만함과 관대함이 어우러져 있다고 볼 수도 있다. 물론 그러한 뉘앙스가 아그립바 발언 속에서 간파되는 것도 사실이지만, 그의 발언 하나만으로 왕의 심리상황을 추정하기는 쉽지 않다. 그러나 짧은 이 발언으로 보아, 누가는 아그립바가 바울의 논증과 이 사건 자체를 진지하게 받아들이지 않는 듯이 제시한다. 왕은 이러한 답변을 통해 기독교라는 '현상' 또는 '사건'이 별로 중요한 것이 아니며, 유대 신앙에서 불거져 나온 여러 돌출물들 가운데 하나에 불과하다는 이해를 보여주는 듯하다. 그리고 그러한 이해의 연장에서 문제되고 있는 사건의 주인공 바울은 사람들이 말하듯 그처럼 위험한 소요 분자(分子)가 아니지 않느냐는 점이 암시되고 있다. 적어도 저자의 발상 속에는 사람들이 그렇게 생각하고 읽어주기를 원하는 의도가 작용했을 것이다. 그러므로 바울에 대해 재판할 필요가 없다는 말을 할 수 있게 되는 것이다. 바로 이것이 청문회 끝 무렵(행 26:32)에 아그립바가 베스도에게 간단히 털어놓은 말이다.

왕의 표현 중, '기독교인으로 만들려 설득하다'는 말에서 '기독교인'이라는 단어를 아그립바가 사용하는 것이 다소 어색하기는 하다. 하지만 여기서 중요한 점은 아그립바가 '먼저 스스로' 그리스도인이 된다는 것에 대해 말하고 있다는 사실이다. 바울의 긴 연설을 듣고 난 뒤 그 발언의 내용을 아그립바가 요점 정리한 바에 따르면, 한 마디로 바울이 '기독교인 만드는 노력'을 하고 있다고 파악했다는 것이다. 그렇다면 누가는 유대 왕의 입술을 빌려 '기독교인을 만드는 것'이 바로 바울 등의 초기 지도자가 선포하고 수행했던 선교 활동의 본질이라는 점을 말하고 있는 것이다.

아그립바와 바울 사이의 대화는 계속된다. "작거나 크거나 간에 저는 당신뿐 아니라 오늘 제 말을 듣고 있는 모든 사람이 이렇게 결박당하고 있는 것 외에는 다 저와 같이 되기를 하나님께 빕니다."(행 26:29) 28절에서 바울의 연설을 중단시킨 총독에게 한 마디 응수한 후, 그리고 아그립바와 짧게 이야기를 나눈 뒤, 바울은 사도행전 기록상 팔레스틴에서의 마지막 말인 29절의 발언을 끝맺는다. 마침내 왕과 총독과 버니게 그리고 모든 참석자가 다 일어나고 청문회가 종료된다. 그들 모두가 퇴장한 후 서로가 다음의 말을 나눴다고 한다. "이 사람은 사형을 당하거나 구금을 당할 일을 한 것이 아무것도 없습니다."(행 26:31) 여기서 또 다시 바울의 무죄가 왕족 등 고위 인사들에 의해 확인된다. '사형이나 구금당할 일을 행한 것이 아무것도 없다'라는 말에서 현재시제가 사용되어 바울의 행동에 관한 모든 혐의가 벗겨졌음을 특히 강조한다. 저자는 아그립바가 한 걸음 더 나아가 베스도에게 다음과 같이 말했다고 기록한다. "그 사람이 가이사에게 상소하지 않았다면 석방되었을 것이오."(행 26:32) 저자는 유대 왕이 바울의 연설에 깊은 인상을 받았음을 이런 식으로 표현한다. 베스도가 바울을 아그립바 왕 앞에 출두시킨 이유가 그의 의견을 알아보고, 가이사에게 보낼 서류에 바울이 어떤 죄목으로 고소를 당했는지 기록하기 위한 것이었음을 상기할 때, 여기서 아그립바의 의견을 듣고 참고하는 것은 자연스러운 일이다. 그러나 유대 왕의 발언은 단순히 그러한 필요에만 부응하는 것이 아니다. 그것을 통해 저자가 의도적으로 전달하고자 하는 바를 들을 수 있게 했다는 것이다. 아마도 저자는 다음과 같은 사실들을 아그립바의 입을 의탁하여 말하고 싶었을 것이다. 즉, 아그립바는 기독교가 바리새파 유대교의 한 특수한 형태로서 전혀 해롭지 않음을 인정했다. 온전한 유대적 인물인 이 도(道)의 전파자 바울은 별로 중대한 일도 아닌 것을 가지고 괴롭힘을 당했다. 그를 기소해야 할 이유는 없다. 산헤드린이 그를 요구하여 재판하려는 것은 잘못된 일이다. 로마로 보내달라는 그의 가이사에 대한 상소가 아니었다면 총독은 아무 문제없이 그를 석방할 수 있었을 것이다.

이상과 같은 저자의 메시지는 아무런 법적 구속력이 없는 아그립바 왕의 참고적 발언 속에 담겨 있는 것이 자연스럽다. 그렇지 않고 구속력을 가진 로마 관료의 입을 통해 이러한 저자의 의도가 전달될 수는 없었을 것이다. 그럴 경우 바울을 이 단계에서 석방해야 할 상황을 맞을 수도 있게 되기 때문이다.

가이사랴에서 행해진 바울 재판의 마지막 단계에 대한 서술은 이렇게 끝난다. 중요 귀족들, 특히 왕족 앞에 바울이 출두했던 사실은 사도행전 9:15("그(바울)는 내 이름을 이방 사람들과 임금들과 이스라엘 자손들 앞에 가지고 갈 나의 택한 그릇이다")에서 아나니아에게 전했던 예수의 예언이 실현되었다는 인상을 준다. 그러나 저자는 이 청문회의 결과 자체에 대해서는 자세한 기술을 하지 않은 채, 가이사랴에서 벌어진 일들의 보고를 마무리 짓는다. 이를테면 총독이 바울 사건을 위해 로마에 보내야 했던 공식적 편지에 대해서도 일체의 언급 없이 끝맺고 있다는 것이다.

제4장

로마에서의
바울

1. 로마를 향한 항해

앞서 살펴보았듯이, 바울은 예루살렘에 상경하여 성전을 방문했을 때 유대인의 소란에 따른 로마 병사들의 개입으로 체포되는 처지에 이른다. 이후 계속되는 우여곡절 끝에 죄수 신분의 바울은 가이사랴에서 벨릭스, 베스도 총독들의 심문을 받고 아그립바 왕과 만나게 된다. 사도행전 21장 이하에 기록된 누가의 바울 행적 추적은 베스도 총독 앞에서 새로운 전기를 맞게 되는데, 바울이 로마 시민으로서 황제에게 상소권을 발동하게 되므로 그의 재판은 전혀 새로운 국면을 맞게 된다. 바울 재판 관할이 팔레스틴에서 로마로 이관되는 것이다.

결국 바울은 그의 상소권 발휘의 효력에 의해 로마로 이송되게 된다. 그리하여 사도행전 27:1-28:15에 바울이 가이사랴에서 로마까지 압송되는 과정의 묘사가 나타난다. 이 긴 이야기 속에서 사도행전 저자는 매우 극적인 서술방식을 통해 죄수 바울의 해상 압송에 대한 자세한 보고를 전한다. 하지만 우리는 이 글에서 지면의 결정적 제약으로 인해 바울의 해상여행에 대한 상세하고 면밀한 검토를 하기는 어렵다. 바울이 주후 1세기 중엽 지중해를 통해 로마로 향했던 그 항해에 관련해서는 다른 기회에 좀 더 상세한 연구의 기회가 마련되기를 희망한다. 다만 여기서는 유감스럽지만 바울이 로마에 이르기까지 거쳤던 선로 여정을 요약하여 소개하는 데 만족할 수밖에 없다. 누가가 사도행전 27:1 이하에서 제시한 바울의 항해로는 다음과 같다.

백인대장(白人隊長) 율리오가 인솔하는 바울 등의 죄수 일행은 소아시아 서부 연안의 '아드라뮈티움'이라는 곳에서 온 배를 타고 가이사랴를 떠나 로마를 향해 출발한다. 뱃길은 우선 소아시아 쪽으로 돌려졌다. '시돈' 항에 한 번 기착한 후, 배는 해안을 따라 '키프로스' 섬을 옆에 끼고 돌아 '리키아'의 '미라' 항구에 정박하게 된다. 이집트와 그리스를 잇는 항로의 정규 기항지인 이곳 '미라'에서 바울 일행은 배를 갈아타게 된다. 이들을 태운 배는 크레테 섬 연안에서 거친 바람이 몰려오고 물결이 거세지자 매우 어려운 항해를 계속한다. 이런 와중에 크레테와 '말테' 사이의 어느 지점에서 폭풍을 만나 조난을 겪게 된다. 저자는 이때의 장면, 즉 파선당한 배와 조난자의 '말테' 섬 기착 과정, 특히 폭풍 중에서 선상에서 나눈 식사 장면(행 27:34-36) 등을 매우 독특하고 생생한 필치로 박진감 있게 묘사한다. 바울과 그의 동료 생존자들은 섬의 행정관으로부터 호의 넘치는 환대를 받고 3개월을 '말테'에 머무른다. 저자는 바울이 섬 체재 중에 몇몇 환자를 치료했다는 기록을 덧붙인다. 그러고는 이 항해여행의 마지막 단계에 대한 묘사가 이어진다. '시라큐스'와 '레기오'에 중간 기착한 후 시실리 섬을 빠져나와 '푸졸'이라는 항구에 상륙하게 된다. 거기서 바울과 그의 동료가 "형제들"(행 28:14)의 영접을 받았다고 한다. 저자는 이와 같이 이탈리아 반도 내에서의 기독교 선교에 대한 일체의 사전 설명이나 언급 없이 기독교인들이 이미 반도 내에 존재하고 있다는 사실을 밝힌다. 심지어 로마로부터 "형제들이 우리가 도착하리라는 소식을 듣고 우리를 만나러 '아피우스' 광장과 '트리온 타베르논'까지 출영을 나왔다"(행 28:15)고 전한다.

2. 바울의 로마 도착

바울이 제국의 수도에 도착하기 전에 이미 로마의 기독교인들에게 영접을 받았다는 사도행전 기록 속에는, 바울과 기존 예루살렘 교회 지도자들 사이에 별 문제없이 호의의 교류만이 있었음을 강조하려는 저자의 뜻이 반영되어 있다. 이를테면 그와 예루살렘과는 아무 문제가 없었고, 오히려 예루살렘 교인들로부터 바울에 대한 우호적 소문이 있었기 때문에 그를 영접했으리라는 짐작을 가능케 하는 묘사라는 뜻이다. 이 같은 누가의 기록은 그들의 첫 접촉이 화기에 찬 것이었고 환영이 따뜻했음을 암시한다.

여기서 다소 의외로 느껴질 정도로 갑작스럽게 등장하는 당시 로마의 기독교인 공동체에 대해 잠시 살펴볼 필요가 있다. 이 공동체의 기원에 관해서는 거의 아무런 정보도 전해지지 않는다. 다만 일반적 추측으로, 이들이 주후 37년과 41년 사이 칼리굴라 황제의 통치하에 로마에 처음 나타나지 않았겠느냐 짐작할 뿐이다. 그러나 그 기원이 어찌되었든 적어도 클라우디우스 황제의 통치기간(41-54년) 중에는 기독교인들이 로마에 살고 있었음이 분명하다. 이는 그 기간 중 '크레스투스'로 지칭된 '그리스도'와 관련된 소요, 그에 따른 유대인 추방 등을 언급하는 수에토니우스의 기록을 통해 기독교인들을 암시한다는 점에서 추정 가능하다. 그렇다면 로마의 기독교인들은 바울이 도착하기 상당 기간 전에 이미 로마에 뿌리내리고 있었음을 알 수 있다.

마침내 바울은 로마에 도착한다. 그 역사적 입경에 관해 전하는 누가의 기록은 이렇다. "우리가 로마에 들어갔을 때에, 바울은 그를 지키는 병사 한 사람과 함께 따로 지내도 된다는 허락을 받았다."(행 28:16) 이러한 바울의 제국 수도 입성과 더불어 사도행전 19:21에서 제시된 '사도적 과업'과 23:11의 '섭리적 구상'이 실현을 보게 된다. 저자는 바울의 초기 로마 정착과정을 묘사하면서 그가 죄수 신분이었음에도 불구하고 로마 병사의 감시 아래 일종의 독립 거처에서 지낼 수 있었다고 밝힌다. 이 같은 체류 상황은 이른바 'custodia militaris(군사 구금)'라고

일컫는 호의적 조치일 것으로 짐작된다. 이 조치는 피의자가
두 명 이상의 정규군인의 감시 아래 일정한 민간 주거지역에
서 감호되는 것을 의미하는데 군인에 의해 억류되는 것이 오
히려 가벼운 처벌이었다는 것이다.

비록 바울이 그 같은 온건한 연금(軟禁) 조치의 혜택을 받
을 수 있었다 하더라도 바울은 어디까지나 재판을 기다리는
죄수의 신분이었다. 그런데 여기서 저자의 본문 서술을 유심
히 살펴보면 한 가지 주목되는 사항이 있다. 그것은 16절에 기
록된 바울의 억류 상황에 대한 묘사를 제외하고는 적어도 '말
테'로부터 로마까지 이르는 저자의 진술 어느 곳에서도 바울
이 죄수로서 묘사될 만한 부분을 찾을 수 없다는 사실이다. 즉
본문이 제시하는 바울의 이미지는 거의 죄수라는 인상을 갖지
못하게 한다는 점이다. 이런 사실은 몇 가지 예로 확인된다.
사도행전 28:14에서 바울은 '푸졸'에서 일주일 동안 몇몇 그
리스도인과 함께 마치 자유인인 양 지낼 수 있었다. 또한 바울
이 두 그룹의 로마 그리스도인들에게 각각 자유롭게 영접받을
수 있었던 듯 묘사된다. 그리고 17절에서는 바울이 로마에 살
고 있는 유대인 중요 인물들을 자신의 거처에 초청하여 메시

지를 전달할 수 있을 정도로까지 자유로운 모습으로 묘사된다. 저자가 16절에 바울의 억류 상황에 대해 한 마디 언급을 하고는 있지만 이야기 흐름상 독자는 그 같은 사실을 쉽게 눈치 채지 못할 지경이다.

더욱이 저자는 바울이 어떤 조건 아래서 독립 거처를 마련하여 감호 상태에 있었는지, 또 로마 사법 당국과 바울이 어떤 관계에 있었는지, 나아가 죄수 바울에게 필요했던 사법 절차가 무엇이었는지 등에 대해 전혀 언급도 하지 않는다. 그래서 마치 바울이 자유인으로 로마에 머무는 듯한 인상을 받게 만든다. 저자가 이러한 서술방식을 택한 이유가 무엇이었는지 궁금하다. 어쩌면 이러한 묘사 배경에는 저자가 로마 권력에 대한, 그리고 교회 안의 기독교인들에게 대한 이중적이고 양면적인 정치적 호교론의 동기가 작용했던 것은 아닌지 물을 수 있다. 즉 한편으로 교회 안에 있던 반로마적 태도를 가졌던 사람들이나 그럴 가능성이 있는 사람들에게는 로마 권력이 교회의 선교와 장래를 위해 유효한 보호기구 또는 적극적 기여의 도구로 이해될 수도 있다는 사실을 암시하려 했을 수 있다. 다시 말해, 그런 묘사 자체가 '교회 안을 겨냥한 호교론'의 기능을 수행하도록 의도될 수 있었다는 뜻이다. 마치 로마 권력이 바울에게 호의적 조치를 취하고 있는 것을 과시하듯 보이게 하여, 교회 안의 기독교인들에게 로마에 대한 적의를 누그러트리려 했을 수 있다는 것이다. 특히 66-70년 사이의 유대 전쟁에서 로마에게 유대인들이 겪은 치욕과 고통을 감안할 때, 80년대 누가의 상황에서는 더욱 그러했을 수 있다. 그리고 한편으로는, 로마 권력 당국이나 권력자들을 향한 배려, 즉 이전 바울 시대에 살던 권력 집행자들은 기독교 선교자인 바울에게 이와 같은 호의적 조치들을 취했으니, 저자 당시의, 또는 그 이후의 로마 당국자들도 그러한 태도를 가졌으면 좋겠다는 암시적 희망과 호소가 본문 묘사의 배경에 깔렸을 수 있으리라는 것이다.

3. 로마 유대인과의 첫 번째 만남

사도행전 28:17 이후부터 마지막 절까지 사도행전 종결 부분은 저자가 기록한 누가복음서~사도행전 작품 전체의 결론부를 형성한다. 이 부분은 바울의 마지막 로마 활동에 대한 보고다. 저자는 먼저 바울이 제국 수도에 사는 유대인들과 두 차례에 걸쳐 만난 것에 대해 언급한 후(행 28:17-29), 자신의 작품을 로마 억류기간 중의 바울 생애에 관한 간략한 보고를 덧붙임으로 마감한다.(행 28:30-31)

바울이 로마에 살고 있던 유대인과 처음 만나게 된 것은 그 자신의 주도 아래 이루어졌다. 이 만남을 통해 바울은 그가 왜 붙잡힌 몸이 되었는가, 그 이유를 해명한다.(행 28:17-21) 17절에서 누가는 바울의 로마 체류에 얽힌 진술을 그가 흔히 해 왔듯 '사흘 뒤'라는 시간 지시어로 시작한다. "사흘 뒤 바울은 그곳 유대인 지도자들을 초청했다. 그들이 모였을 때 바울이 이렇게 말했다. '형제들이여, 나는 우리 겨레에 관해서 그리고 조상들이 전해준 관습에 대해서 거슬린 적이 없습니다. 그런데도 예루살렘에서 죄수가 되어 로마인들의 손에 넘겨졌습니다.'"(행 28:17)

이 말에서 바울은 자신의 대화 상대자를 '형제들이여'라고 부른다. 물론 이 호칭이 관습적인 것일 수 있으나, 누가 기록 속의 바울은 상대를 그렇게 부름으로써 자신과 그들이 같은 민족에 속했다는 사실을 강조하여 일종의 혈연적 연대와 민족적 동질성을 환기시킨다. 이 구절 초반에 나타난 그대로 '바울은 유대인 요인(要人)들을 초청했다'고 한다. 널리 알려져 있듯이, 사도행전 저자는 바울의 선교여행 중 유대인과의 관계에서 항상 다음과 같은 사실을 강조한다. 즉 사도행전의 바울은 모든 선교여행 중 방문 지역에 살고 있는 유대인들을 가장 '먼저' 찾았고, 그들의 회당에서 '우선' 설교했다는 사실이다. 그런 다음, 유대인들이 믿기를 거부할 때에야 비로소 이방인들을 향해 나아갔다는 것이다. 이러한 '우선순위의 원칙', 사도행전 13:46("하나님의 말씀이 먼저 당신들 유대인들에게 전해졌어야 했습니다. 그러나 지금 당신들은 그것을 배척하며 영원한 생명을 얻기에 합당하지 못한 사람으로 자인하기 때문에 우리는 이제 이방 사람들을 향해 갑니다")에 명백하게 표현된 그 원칙이 제국의 수도에서 재차 적용되었다는 점이 이 장면에서도 확인된다.

여기 바울이 만난 '로마의 유대인들'에 대해서 그 기원을 정확히 알 수 없지만, 로마 유대 인구의 급격한 성장은 무엇보다 주전 63년 폼페이에 의한 팔레스틴 정복 이후 유대인 포로들의 유입에서 비롯된 것이다. 또 티베리우스 황제와 클라우디우스 황제에 의한 추방조치가 있었긴 했어도 비교적 우호적인 환경 덕분에 로마의 유대인 공동체는 빠른 성장을 이룰 수 있었다. 고대의 인구를 추정하는 것이 매우 어렵긴 하지만, 당시 로마의 인구를 대충 100만 명이 넘는다 할 때, 그 중 약 2만명 정도가 유대인이었을 것으로 추측할 수 있고 그 숫자는 유대전쟁(66-70년) 이후 유대인 10만 명이 붙잡혀 와서 추가된다. 이들 로마의 유대인들은 다른 지역의 디아스포라 유대인들과 마찬가지로 예루살렘과의 밀접한 유대를 견지하고 있었다. 그들의 이런 고국과의 유대는 혈연적, 또는 민족적 감정에 기초한 것이었을 뿐만 아니라, 종교적 실천과 신앙의 동질성으로 공고해진 것이었다는 점에서 그 밀도를 쉽게 짐작할 수 있다. 이들 유대인들은 여러 전통적 관행과 함께 주변 로마인들에게 적잖은 충격을 주었을 할례, 안식일 준수 등과 같은 종교적 전래 관습들을 유지·보존해왔다. 이러한 유대인 공동체와 관련하여 사도행전 본문에서 '유대인 요인(要人)'이라는 표현은 시사하는 바가 있다. 그들의 존재는 로마 유대인 사회에 일종의 '조직'이 가동되고 있었다는 사실을 암시한다. 주요인물 또는 지도자란, 조직을 통해 존재하고 활동하기 때문이다. 당시 로마의 유대인 사회조직은 하나의 유일한 공동체로 통합된 것이 아니었고, 유대인들은 서로 다른 여러 개의 공동체에 흩어져 속해 있었던 것으로 생각된다.

4. 황제 상소에 따른 오해 없애기

사도행전 28:17-20에 따르면 바울은 그가 처음으로 가진 로마의 유대인들과의 만남을 통해 다음과 같은 사실을 설득하려 노력한다. 곧, 그가 행한 황제에의 상소와 그에 따른 로마 입성이, 유대교에 대한 거부나 부정(否定)의 뜻으로 이해되어서는 안 된다는 점이다. 또 그가 로마에까지 죄수의 몸으로 압송된 이유와 경위를 밝히려 한다는 것이다.

바울은 17절에서 자신이 유대 국가에 반(反)하는 아무런 잘못도 저지르지 않았는데도 '로마인의 손에 넘겨졌다'고 밝힌다. 이 언급을 문자 그대로 받아들이면, 이것은 사도행전 21:32-33의 기록과 부합하지 않는다. 그곳에는 여기 17절 서술과는 달리 바울에게 린치를 가하려는 유대인들의 손에서 그를 구출해낸 것은 바로 로마인이었다고 기록돼 있다. 어쩌면 누가는 사도행전 21:11("'이 허리띠의 주인을 유대 사람들이 예루살렘에서 이와 같이 묶어 이방 사람들의 손에 넘겨줄 것이다' 하고 성령이 말씀하십니다")에 나타난 아가보의 예언을 이곳 28:17의 기록에서 일치시키려 의도했던 것이 아닌가 짐작할 수 있다. 누구의 '손에 넘기어지다'라는 표현은 이미 아가보 예언에 나타난 바 있다. 또 이 표현은 저자의 복음서 속에서도 발견되는데, 누가복음서 9:44의 수난 예고 가운데의 이 표현이 누가복음서 24:7에서 예수에 의해 다시 반복되는 것이다. 예수의 수난 묘사에 사용했던 표현을 누가가 바울의 수난 묘사에 다시 기록하는 이유는 무엇인가? 거기에는 예수와 그의 종 바울의 운명을 같은 표현을 통해 함께 나란히 놓음으로 바울의 권위를 높이려는 저자의 의도가 숨어 있다. 같은 맥락에서 저자가 누가복음서 23:22에서 예수에게 적용했던 표현('죽여야 할, 사형에 처할')을 사도행전 28:18에서 다시 바울과 관련하여 사용하고 있는 것도 주목하게 된다.

17절 마지막부터 18, 19절에 이르기까지 저자는 사도행전 22-26장에 이르는 바울의 재판 과정 전체를 요약한다. "로마 사람들이 나를 심문했지만 죽일 아무런 이유가 없었기 때문에 나를 놓아주려고 했습니다. 그러나 유대인들이 반대했기 때문에 나는 마지못하여 가이사에게 상소한 것입니다. 나는 결코 내 민족을 걸어 고소하려는 것이 아닙니다."(행 28: 18-19) 이처럼 자신의 무죄를 주장하면서 바울은 로마 권력의 공정함을 환기시킨다. 즉 18절에 따르면 로마인들은 유대인들이 반대했음에도 불구하고 심문 절차를 끝낸 뒤 바울이 무죄함을 발견하고 그를 석방하려 했다는 것이다. 그렇지만 본문의 이 부분 곧 '로마인들이 심문 후 바울에게서 사형에 해당하는 죄를 발견할 수 없음으로 놓아주려 했다'는 18절 기록은 저자가 바울 재판에 대해 묘사한 지금까지의 내용과 일치하지 않는다. 실상 여태까지의 기록에 따르면 로마 권력 당국자들은 바울을 석방하려는 의지가 전혀 없었을 뿐 아니라, 오히려 사도행전 25:11을 보면 바울에 대한 적의에 불탔던 산헤드린의 사법 처리에 그를 넘기려 했던 이가 바로 로마 관료인 베스도였다. 바울은 베스도가 그렇게 자신을 넘기려 했던 산헤드린의 유대인 법정을 피하기 위해 황제에 대한 상소권을 발동했던 것이다. 또 다른 한편, 26:32에서 '이 사람이 황제에게 상소하지만 않았더라면 석방될 수 있었을 것이오'라고 말한 사람은 로마인 베스도가 아니라 유대인 아그립바였다. 저자가 이 같이 로마에 호의적인 묘사를 의도적으로 한 것을 이해하는 데도 역시 앞서 언급했던 이중적 호교론의 구도를 기억할 필요가 있다. 어찌됐든 바울은 스스로를 방어하기 위해 황제에게 상소하지 않을 수 없었다고 설명한다. 이러한 저자의 표현에서 우리는 바울이 그가 행한 황제 상소의 법률 절차 자체가 유대인들 사이에서 유대 민족 또는 국가에 대한 저항이나 고발의 의미로 이해되는 것을 저어한 듯한 인상을 받게 된다. 바울은 예루살렘의 유대인들이 그로 하여금 황제 상소를 하지 않을 수 없게끔 만들었다는 사실과, 자신은 전혀 자기 민족을 걸어 고소하려는 뜻이 없었다는 사실을 강조한다. 그렇게 함으로 바울은 유대인 사이에서 있을 수 있는 의혹, 이를테면 유대인들에게 억울한 일을 당하여 앙심을 품고 황제에게 그들을 고소했을 것이라는 점과, 이방인 황제를 바울과 그들 민족 사이의 재판관으로 세웠으리라고 예상되는 일종의 불미스런 혐의를 제거하려 했을 수 있다.

20절 본문 속의 바울은 로마의 유대인들에게 그들을 초청한 의도를 분명히 설명하고 그가 체포된 진정한 이유를 밝히려 한다. "나는 여러분을 뵙고 말씀드리려 여러분을 청한 것입니다. 여러분이 보시는 바와 같이 내가 이 쇠사슬에 매인 것은 이스라엘의 희망 때문입니다." 누가는 바울로 하여금 '이스라엘의 희망'을 말하게 한다. 그렇게 함으로 바울이 자기 민족이나 유대의 여러 종교적 관습에 거슬린 일을 한 것이 아니라 오히려 그 민족적 이상과 전통에 충실하려 하다가 체포됐다는 점을 부각시킨다. 사도행전 26:6-7의 바울 발언에 따르면 이스라엘 민족은 밤낮으로 열심히 하나님의 약속이 이루어지기를 '희망하고' 있다고 표현되어 있다. 그렇다면 그 민족이 그토록 바라던 그 '희망' 때문에 바울이 묶인 몸이 됐다는 본문 묘사는 대단한 아이러니를 암시한다.

바울은 자신이 죄수의 신분이 된 것은 '이스라엘의 희망' 때문이라는 다소 추상적인 이유를 댄다. 바울은 여기서 예수의 부활에 대해 명백히 말하지는 않는다. 그러나 저자는 바울이 이미 비슷한 표현구를 사용하여 산헤드린 앞에서(행 23:6), 벨릭스 앞에서(행 24:15), 그리고 베스도와 아그립바 앞에서 (행 26:6-8) 항시 부활과의 관련 아래 표명하던 그 '희망'을 한 번 더 여기 바울의 입을 통해 말하게 한다. 그렇게 함으로 이 말이 지닌 의의를 되풀이해서 강조한다. 따라서 이런 저자의 반복을 통한 강조의 의도를 쉽게 놓칠 수 없다. 그것은 바울 재판의 전 과정 가운데 중요한 대목마다 주인공의 입을 통해 제시되는 '예수의 부활에 얽힌 이 희망'이야말로 저자가 끈질기게 밝히고 전달하여 납득시키려는 메시지의 핵심이라는 사실이다. 이런 이해에 걸맞게 저자는 바울 자신이 죄수가 된 이유를 밝히면서 지루한 사설(辭說) 전개 없이 거두절미한 '이스라엘의 희망' 때문이라는 한 마디 말로 그 사정을 압축케 하여 말의 절제가 주는 레토릭의 힘을 가중시킨다. 본문만으로 살핀다면 바울이 로마의 유대인 지도자를 초청하여 만나려는 이유가 이 희망을 선포하려는 데 있는 듯이 보일 정도다. 심지어 바울 재판의 기록 자체도 이 희망의 선포와 관련이 있는 듯 느껴질 정도다. 이 같은 방식으로 저자는 바울의 억류와 저자 자신이 힘주어 강조하려는 이스라엘의 메시아적 희망을 연결시킨다.

5. 유대인의 답변

바울의 발언에 대해 로마에 살던 유대인 지도자들이 했던 답변은 두 부분으로 나눌 수 있다. 먼저 사도행전 28:21에서 그들은 바울의 무죄함을 확인하는 말을 한다. 이들 유대인들이 강조하여 말하기를, 자신들은 바울 사건에 대해 유대로부터 아무런 서한도 받지 않았을뿐더러 누구도 바울에 대해 나쁘게 보고하거나 말한 일이 없다는 사실을 밝힌다. 여기서의 '서한'은 예루살렘 산헤드린이 보낸 공식적 편지를 의미할 것이다. 순전히 역사적 관점에서 추정한다면 로마의 유대인 지도자들이 예루살렘으로부터 바울 사건에 대해 아무 연락도 받지 못했다는 말은 자연스럽지 않을 수 있다. 왜냐하면 이제까지의 재판 관련 기록에 비추어볼 때 바울에 대해 그토록 악착같던 예루살렘의 유대인들이 재판이 새롭게 전개될 장소인 로마의 재판마당을 전혀 외면하거나 방치한 채 아무런 사전 준비 없이 수수방관한다는 것은 의아스러울 수도 있기 때문이다. 그러나 로마로 떠난 바울을 더 이상 추적하거나 추궁하지 않기로 하고 덮기로 했을 수도 있다. 어찌됐든, 로마의 유대인들은 바울에게 불리한 아무 소식도 따로 접하지 않았다고 말한다.

유대인 지도자들이 했던 답변의 두 번째 부분은 그들 눈으로 보면 바울이 대표하는 것처럼 보이는 '기독교 자체'와 관련된다. "이 종파에 관해서는, 어디서든지 반대를 받는 줄 우리가 알고 있습니다."(행 28:22) 저자의 진술에 따르면 로마의 유대인들은 '이 종파에 관하여' 어느 정도의 정보를 가지고 있다는 것을 알 수 있다. 적어도 그들은 '이 종파'가 이곳저곳에서 반대에 직면하고 있다는 사실을 알고 있다는 것이다. 바로 이 점에 대하여 그들은 바울의 해명을 듣고 싶은 것이었다. 누가의 기록을 따르면 그들은 바울에게 분명한 설명을 듣고 그 종파에 대한 판단근거를 마련하려 한 듯하다.

6. 로마 유대인과의 두 번째 만남

사도행전 28장 기록에 따르면, 로마에 도착한 바울은 두 차례에 걸쳐 유대인들과 만났던 것으로 제시된다. 첫 번째 만남이 바울의 주도에 의해 성사된 데 반하여, 두 번째 만남은 유대인들의 요청으로 이루어지게 된다. 첫 번째 만남에서 기약된 대로(행 28:22) 두 번째 만남의 약속이 어느 한 날에 실현된다. "그들(유대인)은 날짜를 정하고 더욱 많은 수효의 사람이 바울의 '숙소로' 찾아왔다. 그(바울)는 아침부터 저녁까지 하나님 나라를 설명하여 증거하고 모세의 율법과 예언에서 예수에 관한 사실을 이해시키려고 애썼다."(행 28:23) 누가는 첫 번째 만남에서와 마찬가지로 이번에도 바울이 먼저 발언을 시작하게 한다. 그러나 저자의 서술 능력은 어떻게든 표현의 단조로움을 피하려 한다. 여기서는 화법 변화를 덧붙임으로 표현의 다채로움을 꾀한다. 첫 만남에서는 바울의 말이 직접화법으로 보고된 것(행 28:17-20)에 반하여, 이번 두 번째 만남에서는 바울의 발언 내용이 서술적 간접화법으로 보고되는 형태로 문체의 다양성을 보인다.

저자는 바울 메시지의 내용이 '하나님 나라'와 '예수에 관한 것'이었다고 명백히 밝힌다. 잘 알려진 대로 '하나님 나라'는 저자의 누가복음서와 사도행전 두 작품에서 중요한 자리(누가복음서 35회, 사도행전 7회 등장)를 차지하는 개념이다. 누가복음서에서 '그 나라 주제'는 예수 선포의 핵심을 형성하고 있고, '예수의 활동(즉, 예수에 관한 것)'은 복음서의 중심사건들로 묘사된다. 사도행전에서도 예수란 인물에 대한 그리고 '하나님 나라'에 대한 선포가 사도들의 설교 내용 뼈대를 이룬다. 심지어 사도행전 20:25("그런데 보십시오. 나는 당신들 가운데 다니면서 '그 나라'를 선포했습니다……")에서는 '하나님 나라'가 기독교 교리 또는 선포 그 자체로 이해될 수도 있는 듯하다. 또 저자는 이 구절 본문과 마찬가지로, 사도행전의 다른 두 구절(행 8:12, 28:31)에서도 '하나님 나라'의 선포를 곧바로 '예수에 관한' 가르침과 연결시킨다. 그렇지만 사도행전 전체 내용을 전반적으로 고려하면, '예수에 관한' 가르침은 무엇보다도 예수의 죽음과 부활, 때로는 그의 재림(행 3:20-21), 종말의 심판자 역할(행 10:42, 17:31)에 대한 선포, 곧 예수의 생애와 관련된 내용으로 구성돼 있음을 지적해야 한다. 반면, '하나님 나라' 설교는 오히려 예수 그리스도 안에서의 구원 선포를 위한 '배경'을 형성하면서 그 선포의 최종 성취를 겨냥하는 폭넓은 의미를 지닌 것으로 이해될 수 있다.

여기서 누가는 '하나님 나라'와 '예수에 관한 사실들'을 언급하면서 매우 간략하게 바울의 발언을 요약하는 듯한 인상을 준다. 그 요약은 기독교 메시지 중 서로 나뉠 수 없는 두 핵심 주제를 연결하여 지적하는 방식으로 제시된다. 본문에 따르면 바울은 예수에 대해 자신의 청중을 설득하려 노력한다. 앞뒤 문맥으로 살피건대 바울의 설득은 예수가 율법과 예언자들이 미리 말했던 바로 그 메시아라는 논의가 내용의 큰 줄기를 이루었으리라는 추측이 가능하다. 다시 말해, 바울은 '모세의 율법과 예언자들의 글'(23절)을 근거로 논의를 펼쳤다는 것이다. 저자가 이런 방식으로 서술을 전개하는 의도는 종교적 가르침을 평가하는 '기준으로서의 구약성서'에 대한 신뢰가 여전히 바울에게 유지되고 있음을 과시하려는 뜻이 있다. 왜냐하면 유대인들이 바울을 평가하는 기준 중 하나는 바울이 구약성서를 어떻게 이해하느냐에 달려 있었다. 즉, 바울과 구약과의 관계가 어떠하냐에 따라 그에 대한 긍정, 부정의 평가가 결정될 수 있었다는 것이다. 따라서 바울 논의의 근거가 구약에 있었다는 점이 강조되고 있다. 이제 본문 중 유대인들의 바울 평가는 과연 바울이 첫 번째 만남에서 말했던 '이스라엘 희망'의 실현(20절)이 신빙성 있는 발언인지의 여부를 측정하는 데 달려 있었다.

사도행전 28:23에서 저자가 바울과 유대인들의 만남을 묘사하면서 '아침부터 저녁까지'라고 면담이 지속된 시간을 굳이 밝히고 있는 것은 바울과 대화 상대자 사이의 의견 교환이 진지했으며, 그들을 설득하려는 바울의 노력이 성의에 찬 것이었음을 간접적으로 나타내려 한 것이다. 이 구절의 표현 양식을 주의 깊게 살피면 저자가 자신의 작품 가운데 이미 여러 군데서 되풀이해서 제시했던 눈에 익은 표현이 발견된다. 곧 '증명하다'(신약 전체 15회 출현 중 누가복음서~사도행전에 10회), '하나님 나라'(전체 162회 중 54회), '설득하다'(52회 중 21회), '예수에 관하여', '모세의 율법과 예언에서' 등의 표현은 누가 작품 속에서 익숙한 것들이다. 이처럼 이미 익숙한 용어와 주제들이 다시 나타나는 것은 23절이 속한 사도행전 '끝 부분'이 가지고 있는 성격, 즉 이미 저자가 언급한 내용을 되짚어 말하는 성격을 잘 보여준다. 요컨대 23절은 바울이 유대인에게 전했던 이전의 설교를 다시 '환기하여 요약하는 기능'을 수행하고 있는 것이다.

저자는 24절에서 바울이 유대인에게 행한 연설이 불러일으킨 효과에 대해 언급한다. "어떤 사람들은 그 말을 받아들였지만 어떤 사람들은 믿지 않았다."(행 28:24) 바울의 담화가 그의 청중 사이에 일종의 분열을 야기하게 되었다는 뜻이다. 그들 중 어떤 이들은 바울의 말에 '설득되었다'는 것이고, 또 다른 이들은 그의 말을 '믿지 않았다'는 것이다. 이런 종류의 분열,

다시 말해 설교를 듣는 청중 사이에서 발생하는 분열의 반응은 사도행전의 다른 구절들에서도 발견되는데(행 13:45-51, 14:1-6, 17:12-14, 19:9), 복음 선포가 촉발시킨 다른 여러 곳 유대인 공동체 내의 분열이 로마에서도 발생했다는 것이다. 누가의 설명에 따르면 유대인 청중 가운데 어떤 사람들은 바울이 말한 내용에 '설득되었다'고 한다. 그런데 여기서 사용된 '설득되다'란 동사와 관련, 이 낱말 속에서 기독교로의 개종을 뜻하는 '귀속'이나 '가입'의 의미를 찾을 수는 없을 듯하다. 24절의 의미를, 그 뒤를 잇는 25-28절의 내용과 대비시켜보면 이 점이 분명히 드러난다. 25절 이하에서 유대인 모두는 바울을 뒤에 남겨두고 떠났을 뿐 아니라, 바울은 그들 청중 사이에서 파악되는 태도의 '차이'를 고려치 않고 유대인들의 무디고 둔한 자세를 전체적으로 싸잡아 비난했다. 이런 맥락에서 그들이 '설득되었다'고 해서 기독교로의 전향을 이뤘다고 보기는 어려울 것이고, 다만 '납득하고 수긍하는' 바가 있었다는 뜻으로 이해할 수 있다.

"그들이 서로 의견이 맞지 않은 채 헤어지려 하자 바울이 이 한 마디 말을 했다."(행 28:25a) 유대인들이 '의견이 서로 엇갈린 채' 일종의 분열을 드러내며 바울을 떠났다고 본문은 말한다. 누가는 여기서 사도행전에 나타난 바울의 마지막 설교를 '한 마디 말'이라는 묘사로 지칭한다. 이런 표현을 통해 저자는 사도의 '설교'를 '아침부터 저녁까지'(행 28:23) 계속된 바울과 유대인들과의 '긴 토론'과 대비시킨다. 달리 말해, 저자의 서술 감각에 따르면 바울이 유대인과 관련된 그의 말을 결론짓기 위해서는 긴 이야기가 필요 없이 단 '한 마디' 말로 족했으리라 여겼다는 것이다.

유대인들이 떠나갈 순간에 누가는 바울이 다음의 언급을 하게 함으로 자기 작품 속의 바울 발언을 마감하게 한다. "성령이 예언자 이사야를 통하여 당신들의 조상에 대하여 바로 말을 했습니다."(행 28:25b) 이것은 이사야 6:9-10을 인용하여 바울이 이어서 말하는 사도행전 28:26-27에 대한 서언(序言)의 뜻을 가진다. 그리고 이 인용구는 28절에서 드러날 유대인들의 오만한 고집과 이방인을 향한 구원에의 부름에 대한 주제를 끄집어내기 위해 준비하는 구실을 한다. 좀 더 분명히 말하면, 여기서 누가가 묘사하는 바울은 이사야를 인용하면서 구약의 거룩한 전승에 대한 자신의 신뢰와 동의를 표명함과 동시에 구약의 권위에 기대어 자신의 유대인에 대한 비판적 고발을 논쟁적 방식으로 강화하고 있다는 것이다.

저자는 유대교에 대한 언급을 하면서 바울과 이사야를 증인으로 내세운다. 정확히 말하면 바울을 통해 이사야를 내세운다. 이들 두 사람을 대표적으로 중요한 증인들로 내세우는 것은 저자로서는 의미가 있다. 즉 이사야를 중요한 인물로 간주하는 유대교의 거룩한 전통과 나란히 일치하여 바울이 서 있다는 사실을 제시하고 있는 것이다. 그리고 이러한 일치의 진정한 이유는, 두 중요 증인의 이중(二重) 증언이 제시한 '성령'에 대한 이해가 공통된다는 데 있다. 그리하여 바울은 이사야의 예언을 근거로 유대인들로부터 자연스럽게 스스로를 떼어놓음으로 자기와의 거리를 설정할 수 있게 된다. 이 구절의 '당신들의 조상에 대하여'라는 표현은 같은 유대인인 바울이 '우리의 조상 아닌 당신들의 조상'이라 말함으로 유대인들과 바울 사이의 거리감을 느끼게 한다. 따라서 바울과 유대인들 사이의 연대와 결속에 어떤 단절이 발생했다는 것을 시사한다.

바울이 이사야 6:9-10을 인용한 28:26-27의 내용은 다음과 같다. "이 백성에게 가서 말해라. 너희가 듣기는 들어도 깨닫지 못하고 보기는 보아도 알지 못한다. 이 백성의 마음은 무디어졌고 귀는 둔하며 눈은 감기어 있다. 이것은 그들이 눈으로 보며 귀로 듣고 마음으로 깨달아 돌이키지 않게 하려 하기 때문이다. 그리고 내가 그들을 고칠 것이다."■ 이 내용은 26절에서 발견되는 몇몇 단어의 사소한 변화를 제외하고는 70인역 이사야 텍스트가 문자 그대로 인용된 것이다. 그렇지만 여기 이 인용은 단순한 일회적 인용이 아니다. 이를테면 이것이 이중적 중복인용이라는 것인데, 달리 말해 어느 한 인용구에 또 다른 인용문이 속해 있는 이중인용(二重引用)이라는 뜻이다. 문어로 기록되어 구약 속에 포함되었던 인용이 저자가 구어형식으로 인용한 사도행전 속 바울의 발언 가운데 포함되어 다시 등장하고 있다는 말이다. 저자가 인용구를 구약 중의 인용문에서 다시 오려내어 바울 발언이라는 인용 장치 속에 삽입하는 이중(二重)의 인용 행위를 시행한 것은, 이러한 문학적 작업을 통해 저자가 말하려는 바를 더욱 강조하여 설득력을 높이려는 의도가 있었다. 이와 더불어 이사야라는 구약의 인물이 바울과 로마

■ 이 본문은 한글 '개정개혁판', '새번역'과 다른 번역을 채택한다.

의 유대인들에게 마찬가지로 권위 있는 인물임을 내보임으로 바울과 그들 사이에 내재한 관심의 공유 지평이 넓다는 것을 암시한다. 이런 이중인용을 통해 누가는 다음에 이어서 말하고자 하는 바를 준비시키며 이야기의 강조점을 몰아간다. 그렇게 하여 28절이 핵심적 전달 내용임을 명백히 부각시킨다.

7. 유대인 선교의 포기인가?

"그러므로 하나님의 이 구원이 이방사람들에게 보내진 것을 여러분이 알아야 합니다. 그들은 (이 구원의 말씀을) 들을 것입니다." (행 28:28) 바울이 로마의 유대인들에게 했던 이 중대 선언은 그가 이미 말하고 설명했던 이전의 여러 발언들을 환기시키는 내용이다. 저자는 매우 치밀하게 이 마지막 결정적 발언을 준비하기 위해 사도행전 13:46, 18:6 등의 언급을 미리 배치해놓았을 것이다. 앞의 두 곳에서 바울은, 먼저 유대인들을 향해 전파됐던 복음이 그들의 거부로 인해 이방인들을 향해 전해지게 될 것이라는 점을 자신의 동족들에게 경고했다. 그런 발언들이 작품 마지막에서 다시 확인되고 있다. 이 28절은 문맥에서 보이는 저자의 강조점과 텍스트의 중요성에 걸맞게 해석상의 다양한 논의를 불러일으켰다.

이 구절 해석의 어려움은 다음 같은 문제에 집중된다. 곧 유대인의 복음 거부와 이방인으로의 방향 선회를 이스라엘 백성에 대한 '결정적 거부'나 '포기'로, 또는 유대인 선교의 '실패'와 '종결'의 의미로 받아들여야 하느냐의 문제다. 일반적으로는 저자가 여기서 의미하고 있는 것이 유대인 선교의 실패였다고 이해한다. 그 이유로, 우선 이런 발언이 사도행전의 결론부에 위치하고 있다는 점을 꼽는다. 그것은 이야기 배열에서 마지막이란 '자리'가 차지하는 강조적 성격, 즉 이야기 전개 마무리의 '서사적 무게'를 통해 감지될 수 있는 이 내용의 중요성이다. 특히 이미 두 번에 걸쳐(행 13:46, 18:6) 이방인 선교로의 지향을 밝혔던 저자는 마지막 발언에서 이 문제에 대한 결론적 언급을 표명하고 있다고 이해할 수 있다는 것이다.

또 다른 여러 이유들이 거론되지만 그중 중요한 것 하나는, 누가가 여기서 바울이 로마서 9-11장에서 그랬듯이 유대인들이 드러내는 현재의 완악함을 미래에 회심이 가능하리라는 '기대'로 전망하지 않는다는 점이다. 유대 민족에 대한 희망을 언급하지 않고 끝나는 내용 전개가 이 부분을 유대인 포기로 이해할 수 있는 이유로 꼽을 수 있다는 것이다.

그러나 위에 제시된 이유들 중 28절이 가지는 위치의 중요성에 비추어 이방인 선교로의 지향이 세 번째로 제시된 이 구절이 결론적 언급이라고 주장한 것과 관련하여 다른 이해를 제시할 수 있다. 즉 본문의 위치가 가지는 '서사적 무게'도 감안해야 하지만, 그와 동시에 앞서 나타난 두 번의 이방인 선교 의지 표명 이후에도 유대인 선교가 계속 실행되었다는 점을 강조하지 않을 수 없다. 적어도 저자가 유대인에 대한 선교를 '포기한다'는 명백한 언급이 없는 한, 앞서 등장했던 비슷한 기록에 근거하여 이 구절을 해석할 토대는 충분하다. 또한 로마서 9-11장의 내용과 비교하면서 저자가 여기서 유대 민족의 회심 가능성을 진술하지 않았다 하여 유대인 선교 포기로 받아들이는 것은 지나치게 임의적인 해석이다. 무엇인가를 표현하지 않았다 해서 그 반대의 결과가 자동적으로 유추되는 것은 아니기 때문이다. 오히려 아래에 지적하는 이유들을 고려할 때 이 구절에 대한 부정적 각도에서의 이해가 온당치 않다고 여겨진다.

먼저, 이 기록이 인용된 본래 문맥의 뜻을 새길 필요가 있다. 70인역 그리스어 성서에 따르면 여기 26-27절의 인용구는 '심판'에 관련된 내용이 아니고, 다만 선조들의 교만과 '목이 곧음'에 대한 서술적 묘사였다. 따라서 그들이 회개할 수 있는 가능성은 항시 열려 있었다는 점을 기억해야 한다. 이런 맥락에서 바울은 조상들의 교만과 아집을 자신의 대화상대자인 로마 유대인들의 교만과 단순히 비교 서술했던 것이다.

또 한 가지는, 비록 여기서 누가가 실제 바울이 로마서(롬 11장)에 언급했던 것과 같이 이방인에의 복음 전파를 유대인들의 완고와 오만에 연결시키기는 해도, 그것은 단순한 참조(參照)적 의미를 가질 뿐이라는 점이다. 오히려 좀 더 분명한 이방인들을 향하는 신학적 동기는 이스라엘의 교만에서부터 비롯된 것이 아니라 하나님의 섭리, 구약의 약속 그리고 예수의 명령에서 연유한 것이었다는 이해를 상기할 필요가 있다. 다음으로, 앞 절(27절) 인용구 끝의 '그리고…… 그들을'이라는 표현을 유의해야 한다. 하나님의 구원이 이방인들을 향하게 되었다는 사실이 유효하지만 이스라엘 백성들이 구원과 관련된 희망을 갖지 말라는 법은 없다는 점이다. 또 다른 이유는,

30절의 '모든'이라는 낱말에 좀 더 폭넓은 의미를 부여할 수 있느냐에 따라 제기될 수 있다. 혹시 25-28절에 있는 유대인들의 완고함에 대한 준엄한 선언이 나온 직후 등장하는 '모든'이라는 의미 속에 유대인들이 포함될 수는 없을 것이라는 견해를 가질 수도 있다. 그러나 그런 제한적 해석은 온당치 못한 듯하다. 여기 이 본문과 같은 콘텍스트에서는 문제가 되는 형용사가 어떤 특정 부류 인물들을 배제한 제한적 의미로 축소 해석될 이유가 없을 듯하기 때문이다. 그보다는 이방인들을 포함한 '모든 이'를 지칭하는 포괄적 뜻으로 이해하는 것이 더 그럴듯하다. 이런 사실은 바울이 행한 선교 연설의 콘텍스트를 감안할 때 더욱 그러하다. 사도행전 22:15에서 바울은 자신의 사명을 정의하기를 '모든 사람 앞에서 증인이 되는 것'이라고 밝힌다. 또한 9:15에는 바울의 임무가 '이방인들, 임금들 그리고 이스라엘의 자녀들'과 관련된다고 해명한다. 그러한 표현들은 '모든'의 포용 범위를 시사하는 것으로 받아들일 수 있다. 이 같은 점들을 고려할 때 30절의 '모든'이라는 단어는 이방인들을 가리킬 뿐 아니라 유대인들을 포함한 '모든 사람'을 지칭한 것으로 이해하는 것이 합당하다. 누가는 이곳 본문에서만 아니라 자신의 저술 어느 곳에서도 이스라엘 민족에 대한 결정적 포기의 의사를 명시적으로 밝힌 적이 없다. 비록 하나님의 구원이 이방인들을 향하게 되었다 해도, 그리하여 기독교에의 회심이 누구보다 이방인들 가운데서 많이 발생하게 될 것이라 해도, 유대인들을 향한 문은 아직도 열린 채 놓여 있음을 저자는 말한다.

"바울은 자신이 얻은 셋집에서 2년 동안 지내면서 자기를 찾아오는 모든 사람을 맞아들였다."(행 28:30) 누가는 자신의 전 작품을 마무리할 마지막 절(節)을 '2년'이라는 시간을 나타내는 부사구로 시작한다. '2년'이라는 언급은 그 역사성을 의심할 특별한 이유를 찾기 어려운 한, 실제 바울이 로마에서 지냈던 체류 기간으로 간주해도 무방하다. 여기서 주목되는 것은 바울 자신이 죄수의 신분이었음에도 불구하고 그에게 찾아오는 모든 사람을 '맞이할' 수 있었다는 점이다. 이런 묘사를 통해 저자는 바울이 유연한 처우를 받았다는 것을 드러냄으로 로마 권력이 바울에게 관용을 베풀었음을 과시할 수 있었다. 게다가 로마 당국의 이런 관용적 태도는 다음과 같은 사도행전의 마지막 구절을 통해 강화되어 나타난다. "바울은 아무 방해도

받지 않고 담대하게 하나님 나라를 전하고 주 예수 그리스도에 관한 것들을 가르쳤다."(행 28:31)

저자는 자기 작품의 마무리를 지으면서 마지막으로 사도가 행한 설교의 내용을 요약하여('하나님 나라, 예수 그리스도에 관한 것') 강조함과 동시에, 바울이 '설교와 가르침'을 계속할 수 있었다는 사실을 명시한다. 이미 사도행전 1:3에서 '하나님 나라'에 관련된 주제로 자신의 두 번째 작품인 사도행전을 열고 시작했던 저자는 그의 긴 이야기 여정을 마무리 지으면서 다시 한 번 처음 주제를 상기시킨다. 본문에 보이는 '담대하게'라는 말은 사도행전에 몇 군데 등장하는데(행 4:29, 31, 9:27 이하, 18:25 이하), 그 쓰임새는 '말하다 또는 가르치다'라는 언어 표현에 관계된 동사와 밀접한 관련이 있다. 따라서 이 단어는 '언어 표현의 자유' 또는 '담대히 말할 수 있는 능력' 등의 외모로나 내면적으로 확신에 차서 '말할 수' 있음을 나타내는 의미를 지닌다. 주목되는 것은 작품 맨 마지막을 장식하는 '방해 없이'란 어휘다. 이 단어는 신약에 단 한 번 여기서만 등장하는데, '구속이나 장애 없이'라는 뜻이다. 이 부사는 그 말 자체에 실린 법률적 의미의 무게로 인해 그야말로 본문을 '최종적으로 끝맺는 기능'을 담당하기에 손색이 없다. 즉 30-31절에 진술된 이 모든 사실이 로마 권력 당국의 아무런 '제재나 방해 없이' 이루어질 수 있었다는 점을 이 부사를 사용함으로 좀 더 직접적으로 명백히 할 수 있었다. 어쩌면 이 말을 활용한 것은 로마의 사법적 정의의 현명함과 불편부당(不偏不黨)함에 대한 누가의 마지막 은밀한 경의의 표현일지도 모른다. 그리하여 다시 한 번 로마인들의 관용이 강조적 용법으로 진술되고 있는 것이다.

8. 바울 여행의 종착과 누가 작품의 완결

이와 같이 사도행전은 제국의 수도 로마에서조차 바울의 증언이 울리게 되었다는 사실을 알리면서 끝을 맺는다. 이런 끝맺음을 통해 예루살렘에서 체포된 이후, 가이사랴에서의 총독들, 왕족들과 대면하고 심문받으며 지냈던 바울 재판 그리고 그의 1차, 2차, 3차에 걸쳐 이뤘던 길고 긴 선교여행의 마지막 여정이 종결된다. 그의 최후 여행, 예루살렘에서 시작해서 로마까지 계속됐던 바울의 여정은 이렇게 끝났다.

이런 여행 또는 재판의 과정을 통해 누가는 자신의 신학적 메시지를 작품 속에 녹여 넣었다. 즉 복음은 '예루살렘, 온 유대, 사마리아'를 거쳐 로마에까지 이르게 되었으며, 어떤 사슬이나 장애물도 사도의 복음 선포를 막아설 수 없었다는 증언으로 '거룩한 이야기'를 끝낼 수 있었다는 것이다. 그리하여 저자의 내밀한 작품 의도, 복음이 어떻게 예루살렘에서 시작해서 로마에까지 이를 수 있었던가를 보이려는 그 의도가, 바울이 로마에 도착하여 '찾아오는 모든 사람'에게 자유롭게 복음을 전하는 모습을 제시함으로 달성될 수 있었다는 것이다. 물론 로마가 사도행전 1:8의 선교적 지리학의 종착지로서 '땅 끝'은 아니다. 그러나 적어도 로마는 문자 그대로 '다변성(多邊性)'을 가진 '땅의 끝'에 이를 수 있는 한 '중심', 즉 그 중심은 끝과 통하고 끝은 그 중심과 통할 수 있는 당시 세계의 중심부였던 것은 사실이다. 따라서 저자로서는, '땅 끝'으로 통할 수 있는 제국의 수도에 복음이 활착(活着)되었으므로 이제 그 끝까지 '증인'이 되는 과제는 자신의 글을 읽는 독자들에게 부과된 것이라는 무언(無言)의 메시지를 발하면서 자신의 글을 종결할 수 있었다. 결국 누가는 자신이 원래 의도했던 이야기의 종착점까지 흐름을 끌고 와서 작품의 마지막을 장식할 수 있었으며, 자신이 가슴에 품었던 작품의 구도와 전망, 이야기 진술을 이런 끝맺음을 통해 완결할 수 있었다.

연세신학문고 2
바울의 마지막 여행

2014년 7월 23일 인쇄
2014년 7월 30일 발행

지은이 | 유상현
펴낸이 | 김영호
펴낸곳 | 도서출판 동연
편 집 | 조영균 디자인 | 이선희 관리 | 이영주
등 록 | 제1-1383호(1992년 6월 12일)
주 소 | (우 121-826) 서울시 마포구 월드컵로 163-3
전 화 | (02) 335-2630/4110
팩 스 | (02) 335-2640
이메일 | yh4321@gmail.com

ISBN 978-89-6447-232-3 03200
ISBN 978-89-6447-230-9 03200(세트)